Piero Martinetti

L'Etica di Spinoza
Esposizione e commento

pe
Primiceri Editore

2022 Tutti i diritti riservati
Finito di stampare nel mese di gennaio 2022
presso Rotomail Italia Spa – Vignate (MI)
per conto di Primiceri Editore Srls
Via Savonarola 217, 35137 Padova
Prima Edizione
ISBN 978-88-3300-275-0
www.primicerieditore.it

VITA

Baruch Spinoza nacque ad Amsterdam il 24 novembre 1632 da una di quelle famiglie ebraiche che la persecuzione religiosa aveva cacciato dalla Spagna nel Portogallo prima e poi dal Portogallo nella libera Olanda; il padre di Spinoza, Michele de Spinoza, era nato presso Coimbra. Perse presto la madre, Anna Debora, morta nel 1638; frequentò nei primi anni la scuola ebraica di Amsterdam, dove, sotto maestri insigni, si approfondì nella conoscenza della lingua e della letteratura del suo popolo e si iniziò allo studio della filosofia religiosa ebraica medievale e della cabala. Alla scuola di Franciscus Van den Enden, letterato famoso a quel tempo, dalla vita avventurosa e dallo spirito libero, coltivò la lingua latina e le scienze: nello stesso tempo s'accostò alla filosofia scolastica allora rifiorente anche nelle università protestanti e si appropriò il naturalismo e il panteismo mistico della rinascenza e le dottrine della nuova filosofia, che in quel tempo cominciavano a diffondersi per le scuole (Bacone, Hobbes, Cartesio). Più profondamente di tutti agì su di lui Cartesio, che rappresentava allora lo spirito nuovo e la tendenza scientifica di fronte all'aristotelismo scolastico e che aveva anche in Olanda trovato fervidi seguaci. Lo svolgimento interiore del suo spirito lo allontanò così a poco a poco dalla religione ebraica e lo accostò ad altri spiriti liberi, appartenenti alle Chiese separate dei mennoniti e dei collegianti, caratterizzate da un pensiero religioso più largo e da un più umano senso di tolleranza; fra essi egli trovò amici e discepoli, che formarono intorno a lui un gruppo fedele e devoto. Sebbene non avesse esplicitamente abbandonato l'ebraismo, la sua condotta attirò sopra di lui l'accusa di disprezzo della legge: il 27 luglio 1656 venne pronunziata su di lui nella sinagoga la grande scomunica: alla quale seguì, per istigazione dei rabbini, anche un breve bando da Amsterdam. Solo (il padre era morto nel 1654), isolato e privo di sostanze proprie, Spinoza scelse per vivere un'arte manuale, la professione di politore di lenti per l'ottica. È vero che ai proventi della professione si aggiunsero più tardi le pensioni a lui largite dal de Witt e dal suo scolaro affezionato Simone de Vries, che, morendo, gli aveva lasciato una rendita di trecento fiorini.

Nel 1660 Spinoza abbandonò Amsterdam e si ritirò nella pace solitaria d'un piccolo villaggio, Bijnsburg, non lontano da Leida. A questo periodo risale la composizione della prima sua opera, il *Breve trattato su Dio, l'uomo e la sua felicità*, che Spinoza compose per i suoi amici di Amsterdam e che, lungo tempo obliato, pervenne a noi, non senza rimaneggiamenti, in una traduzione olandese scoperta nel 1852. Qui iniziò anche un'esposizione della sua dottrina, che doveva comprendere due parti: la teoria della conoscenza e la metafisica. Ma la prima sola fu composta ed anche questa nemmeno condotta a termine: essa è quella che costituisce il *Trattato sull'emendazione dell'intelletto*, che venne poi soltanto edito, con le altre opere postume, nel 1677. La seconda parte, per la quale Spinoza adottò in seguito la forma dell'esposizione matematica, costituì l'*Etica*, della quale il libro primo almeno, in forma lievemente diversa dall'attuale, doveva in principio del 1663 essere già compiuto. Per l'istruzione d'uno studente, che era venuto a prendere da lui lezioni di filosofia, compose in questo periodo anche la sua esposizione dei *Principi della filosofia di Cartesio* e i *Pensieri metafisici*: nelle quali opere espone dottrine cartesiane e scolastiche, ma non senza mescolarvi apprezzamenti e dottrine sue proprie.

Nel 1663 Spinoza lasciò Bijnsburg e si trasferì in un altro borgo presso l'Aia, Voorburg, dove rimase circa sei anni. Qui compose, interrompendo la redazione dell'*Etica*, il suo famoso *Trattato teologico-politico* in pro della libertà di coscienza, che il fanatismo calvinista avrebbe voluto sopprimere: in esso egli traccia la sua filosofia religiosa. Il libro uscì anonimo in principio dell'anno 1670. Questa opera, nella quale Spinoza, partendo dallo stesso concetto volgare della rivelazione ed accettandolo in apparenza, sovvertiva in realtà il fondamento di ogni religione rivelata, destò al suo apparire, anche fuori della rigida ortodossia, una veemente reazione, diede a Spinoza la fama di empietà e sollevò contro di lui le animosità del clero, che forse, senza la prematura morte di Spinoza, avrebbero condotto anche a persecuzioni personali.

Spinoza passò gli ultimi anni della sua vita all'Aia, dove si trasferì nel 1670. Avendogli l'elettore palatino Carlo Luigi offerto una cattedra di filosofia all'Università di Heidelberg, dopo qualche riflessione la ricusò per non compromettere la sua serenità e la sua libertà. All'Aia condusse a termine l'opera sua capitale l'*Etica*, che però non pubblicò: stava attendendo al *Trattato politico*, quando la morte lo colse il 21 febbraio 1677. I suoi amici pubblicarono l'anno stesso negli *Opera posthuma* l'*Etica*, il *Trattato sull'emendazione dell'intelletto*, le lettere, il *Trattato politico* (rimasto incompiuto) ed altre reliquie minori.

Pochi filosofi realizzarono, come Spinoza, un accordo così perfetto tra la dottrina e la vita. I suoi biografi ricordano con parole commosse la sua semplicità di vita, il suo disinteresse, la sua dedizione completa alla verità. Passò la vita in tranquilla solitudine, indifferente alla fama, mite, sereno, senza orgoglio e tuttavia ben conscio del valore del suo pensiero. Forse nessuno, scrive di lui Renan, ha veduto Dio più da vicino.

L'opera capitale di Spinoza è l'*Etica*: che contiene la sua metafisica, ma col nome stesso indica il carattere profondamente morale e religioso della sua filosofia. Essa è divisa in cinque libri: dei quali il primo tratta di Dio; il secondo tratta della costituzione del mondo e dell'uomo; il terzo tratta della condizione dell'uomo in quanto asservito alla schiavitù della vita inferiore (delle passioni); il quarto tratta della possibilità e del meccanismo della liberazione, ossia del passaggio alla vita superiore (alla vita religiosa): il quinto tratta della liberazione, cioè dell'unione con Dio.

Ciò che caratterizza l'*Etica* è la sua forma (*Ethica ordine geometrico demonstrata*), per cui si avvicina esteriormente al modo di esposizione della matematica: per definizioni, assiomi, teoremi, dimostrazioni, scoli, corollari. L'*Etica* è da questo punto di vista un vero capolavoro di rigore logico: tutte le parti vi sono così abilmente collegate, che, una volta ammessi i principi, il resto viene da sé come una concatenazione ferrea di conseguenze. Questa forma «geometrica» non deve essere considerata tuttavia come una deduzione logica nel senso tradizionale, come una catena sillogistica: l'*Etica* non è una deduzione, ma una costruzione logica, la quale svolge tutta la realtà fisica e spirituale per mezzo d'un certo numero di principi e di leggi, che in parte vengono presentati fin dall'inizio, in parte vengono posti di mano in mano che se ne offre l'occasione. La forma «geometrica» dell'esposizione serve solo a mettere in evidenza la concatenazione logica interiore del sistema e la sua coerenza ai principi.

Il senso che Spinoza riferisce alle definizioni ed agli assiomi è perciò un senso tutto particolare: che si connette col valore che egli attribuisce alle conoscenze chiare e adeguate. Per definizione s'intende generalmente una definizione nominale, che serve a precisare i termini, non a risolvere una questione: quando io definisco che cosa intendo per «libertà», non decido ancora con questo se vi siano o non vi siano esseri liberi. Le definizioni di Spinoza invece sono vere posizioni che esprimono le idee cardinali del suo sistema: «*Omnis definitio sive clara et distincta idea est vera*» (*Ep*. 4). Esse non differiscono in fondo dagli assiomi se non in quanto le definizioni fissano le essenze delle cose, gli assiomi esprimono le leggi eterne della realtà (*Ep*. 9).

Si capisce allora perché e le definizioni e gli assiomi non siano per sé evidenti, come già opposero a Spinoza i primi suoi critici (*Ep*. 3). Le definizioni e gli assiomi geometrici, che sono anch'essi posizioni reali, sono intuitivamente evidenti, perché riassumono le leggi fondamentali della nostra intuizione sensibile, che sono in noi natura, dato: le definizioni e gli assiomi filosofici di Spinoza sono il risultato riflesso di una raffinata elaborazione speculativa e non possono pretendere di essere accettati senz'altro dal lettore, se non in quanto questi si sia elevato al punto di vista filosofico che è proprio di Spinoza. La loro dimostrazione è data dal sistema stesso; in quanto essi riassumono in sé i punti essenziali della visione filosofica di Spinoza, posti i quali, se ne svolgono poi chiaramente tutte le conseguenze e teorie particolari, che hanno per risultato di esplicarci la realtà sotto tutti i suoi aspetti.

Questa forma matematica ha senza dubbio i suoi vantaggi sotto l'aspetto logico: ma è inseparabile da una certa aridità schematica ed impone un ordine che non è l'ordine naturale del pensiero nella sua costruzione e comprensione di un sistema filosofico. Perciò essa riesce, specialmente alle prime letture, imbarazzante, faticosa, oscura: prolissa nel suo apparato dimostrativo, che spesso è inutile, è eccessivamente concisa nell'esposizione di punti essenziali, sui quali lascia sussistere tenebre spesso impenetrabili. Un opportuno correttivo a questi difetti ci ha già dato Spinoza nei numerosi scoli, dove riespone e commenta più liberamente il suo pensiero. Ma per una prima iniziazione al pensiero di Spinoza è necessaria un'esposizione di tutta l'Etica, che pur mantenendone l'ordine, svolga in forma piana e libera il sistema dei suoi concetti, sbarazzato dall'esteriorità del formalismo matematico[1].

---

[1] Un esempio ce ne hanno già dato l'Høffding nella sua *Ethica: Analyse und Charakteristik* (Heidelberg, 1924) e più recentemente il Gebhardt, che nel suo libro *Von den festen und ewigen Dingen* (Heidelberg, 1925) ci ha dato una rielaborazione e una «traduzione» di tutta l'opera di Spinoza. Così uno studioso di Kant ha pubblicato recentemente le principali opere di Kant «tradotte in tedesco».

LIBRO PRIMO
DIO

I. LE DEFINIZIONI

1. Nelle prime sei definizioni Spinoza si costruisce il concetto della sostanza divina infinita, che sarà poi più rigorosamente determinato nelle proposizioni della prima parte del primo libro.

DEF. 1. Per causa di sé intendo ciò, la cui essenza involge l'esistenza, ossia ciò, la cui natura non può essere concepita se non esistente.

Noi viviamo in un mondo di cose che nascono e periscono: di cose, la cui natura non esclude che possano cessare di esistere; di cose, che hanno ricevuto l'esistenza da altre cause e perciò dipendono da queste quanto all'esistenza. Vi deve tuttavia essere a fondamento di tutto questo mondo instabile qualche cosa che non ha la sua esistenza da altro, che esiste necessariamente in virtù della natura sua medesima, che è *causa sui*, cioè è qualche cosa di assoluto, di incondizionato, di ponentesi per virtù sua, non per virtù di altro.

DEF. 2. Dicesi finita nel suo genere quella cosa, che può essere limitata da un'altra della stessa natura. Per esempio, qualsivoglia corpo dicesi finito perché ne pensiamo uno sempre più grande. Così un pensiero è limitato da un altro pensiero. Ma il corpo non è limitato dal pensiero, né il pensiero dal corpo.

Questo mondo di cose periture ci è dato sotto una duplice forma: da una parte come un mondo di esseri estesi, sempre limitati e determinati da altri esseri estesi: dall'altra come un mondo di attività spirituali limitate e determinate da altre attività spirituali. Due mondi coesistenti in un unico mondo, costituenti due serie parallele che non interferiscono mai: in ciascuna di esse ogni elemento è sempre condizionato da elementi della stessa serie, è sempre una cosa «finita nel suo genere». Qui è già in breve introdotta quella visione parallelistica della realtà, che sarà più ampiamente svolta nel secondo libro.

DEF. 3. Intendo per sostanza ciò che è in sé e per sé si concepisce: ossia ciò il cui concetto non ha bisogno di essere formato dal concetto di altro.

A questo mondo di esseri estesi o spirituali, ma tutti egualmente limitati, deve stare a fondamento un essere che non è, come gli esseri estesi finiti, in un altro essere esteso più grande, ma è in sé; e che non è, come i pensieri finiti, la determinazione d'un pensiero più generale, ma è un pensiero che può essere concepito per sé, senza il sussidio di altro pensiero. Questo essere, che è veramente sotto l'uno e l'altro aspetto *causa sui*, è da Spinoza chiamato sostanza.

La parola sostanza ha nell'uso tradizionale due sensi. «*In nomine substantiae duae rationes indicantur; una est assoluta, scilicet essendi in se ac per se...; alia est quasi respectiva sustentandi accidentia*» (SUÁREZ, *Disp. met.*, 33). Così anche Cartesio. «*Per substantiam nihil aliud intelligere possumus quam rem quae ita existit, ut nulla alia re indigeat ad existendum*». Tale è solo Dio: in questo senso Dio solo è sostanza. «*Possunt autem substantia corporea et mens, sive substantia cogitans creata, sub hoc communi conceptu intelligi, quod sint res quae solo Dei concursu egent ad existendum*» (*Princ. phil.*, I, 51). La parola «sostanza» è evidentemente presa qui nel primo senso: vedremo anzi che Spinoza non ammette l'esistenza di sostanze nel secondo senso.

DEF. 4. Per attributo intendo ciò che l'intelletto apprende della sostanza come costituente l'essenza della medesima.

Ma come riconciliare nell'unità della sostanza la dualità profonda degli esseri estesi e dei pensieri, che costituisce il mondo? Spinoza introduce a questo fine il concetto di attributo. Cartesio già aveva notato (*Princ. phil.*, I, 52) che l'esistenza della sostanza non può essere avvertita da noi se non per mezzo di attributi, proprietà, per via delle quali essa può agire su di noi. Spinoza fa dell'estensione e del pensiero due unità infinite (infinite ciascuna nel suo genere, nella sua sfera), irreducibili, che esprimono a noi, come attributi, la natura unica della sostanza. Ma sono questi attributi (secondo Spinoza) reali maniere d'essere della sostanza o forme subbiettive, sotto cui si nasconde per il nostro conoscere la sua natura impenetrabile? Certo, la questione dei rapporti degli attributi e della sostanza è nella filosofia di Spinoza uno dei punti più scabrosi. Non sembra però che dobbiamo intendere la sostanza come un inconoscibile che si traduce poi subbiettivamente per noi nei due attributi. Contro questa interpretazione stanno passi decisivi. *Eth.*, II, 1: «*Cogitatio attributum Dei est, sive Deus est res cogitans*». Ib., II, 2: «*Extensio attributum Dei est, sive Deus est res extensa*». Ib., I, 9: «*Quo plus realitatis aut esse unaquaeque res habet, eo plura attributa ipsi competunt*» (ripetuto quasi letteralmente in *Ep.* 9). E nel *Tractatus brevis* è detto che l'estensione e il pensiero sono veri attributi di Dio «per i quali noi possiamo conoscerlo quale è in sé e non quale agisce esternamente a sé» (*Tr. br.*, I, 2, 28). Quindi possiamo con la maggioranza degli interpreti intendere gli attributi come vere manifestazioni obbiettive della sostanza. Certo con questo non sono risolte tutte le difficoltà. Anzitutto vi sono dei passi che favoriscono esplicitamente l'interpretazione contraria. Nell'*Ep.* 9 è detto: «*Per substantiam intelligo id, quod in se est et per se concipitur, hoc est id, cuius conceptus non indiget conceptum alterius rei. Idem per attributum intelligo, nisi quod attributum dicatur respectu intellectus, substantiae certam talem naturam tribuentis*». E l'esempio citato in appresso conferma quest'interpretazione. Un corpo che riflette egualmente tutti i raggi di luce ci appare bianco: in sé è perfettamente piano, non bianco; Spinoza paragona il color bianco all'attributo. In secondo luogo è una difficoltà grave la questione dell'identità dei due attributi. «*Substantia cogitans et substantia extensa una eademque est substantia, quae jam sub hoc, jam sub illo attributo comprehenditur*» (*Eth.*, II, 7, scol.*). Quindi la diversità degli attributi dal punto di vista assoluto è nulla: nella sua realtà vera la sostanza è unica e ha più attributi solo in quanto appresa dall'intelligenza sotto questo o quell'aspetto.

Come si concilia tutto questo? Noi dobbiamo assumere che gli attributi sono ben distinti, ma non separati: è l'intelletto nostro che li isola. Gli attributi, se noi potessimo apprenderli nella loro totalità ed unità, ci esprimerebbero una natura unica; la sostanza sarebbe non un complesso di attributi paralleli e separati (come sono per noi l'estensione ed il pensiero), ma una sintesi viva, un'unità conciliante in sé la molteplicità degli attributi. Perciò Spinoza dice (*Eth.*, I, 6, *coroll.*) che «*in rerum natura nihil datur praeter substantias earumque affectiones*», perché il concetto di attributo coincide con quello della sostanza: l'attributo è un aspetto reale della sostanza, appreso nel suo isolamento. Tutti gli esseri particolari (potremmo dire quindi con parole più semplici) ci appaiono come semplici determinazioni d'una totalità infinita. Posta la dualità irreducibile degli esseri estesi e degli esseri coscienti, noi dobbiamo porre due di queste totalità: un'estensione infinita, un pensiero infinito. L'uno non si riduce all'altro: entrambi sono l'infinito. Tuttavia noi non possiamo ammettere due infiniti: essi debbono costituire due aspetti dell'essere infinito. Poiché la mente nostra li concepisce chiaramente e distintamente, come le due unità supreme dell'essere, noi dobbiamo veramente vedere espressa in esse la natura dell'essere supremo: solo noi non vediamo come essi siano due ed uno: noi sappiamo di doverli pensare come unità, ma quest'unità suprema rimane inaccessibile alla nostra intuizione.

DEF. 5. Per modo intendo le affezioni della sostanza, ossia ciò che è in altro e si concepisce anche per mezzo di altro.

Senza entrare per ora in tutti i complicati problemi dei rapporti della sostanza con gli esseri particolari, Spinoza determina qui questo rapporto solo in quanto definisce gli esseri particolari e finiti come modi, ossia affezioni, determinazioni (e perciò limitazioni, negazioni parziali) degli attributi, cioè della sostanza. Così un corpo è un modo, una determinazione, una limitazione della sostanza in quanto estesa. I modi non costituiscono la sostanza come i fattori una totalità: essi sono semplici determinazioni, negazioni: la sostanza, nella sua unità e totalità, è prima dei suoi modi. E in quanto la sostanza è anche il pensiero che contiene in sé tutti i pensieri finiti, la ragione universale e suprema, essa non contiene solo in sé materialmente tutti i modi, ma li contiene anche idealmente, sotto di sé, come determinazioni logiche, le quali procedono necessariamente da un concetto universale. Perciò siccome ogni modo è sempre (come meglio vedremo) per un aspetto estensione, per un altro aspetto pensiero, è legittimo dire che il modo è ciò che è sempre contenuto in altro e concepito per mezzo di altro: mediatamente o immediatamente esso è nella sostanza e può essere pensato solo per mezzo della sostanza. In questa definizione di Spinoza è stata criticata l'espressione *«in alio esse»*, come tolta da rapporti spaziali e perciò metaforica ed ambigua. Si è obbiettato che allora nello stesso senso si dovrebbe dire che gli attributi sono nella sostanza. Basta a questo riguardo tenere ben chiaro il concetto della sostanza come realtà suprema, di cui i modi sono semplici limitazioni: la sostanza è come la totalità potenziata, nella quale il modo è contenuto non come parte positiva o fattore, ma come negazione parziale e depotenziamento. Gli attributi non sono invece *nella* sostanza, perché sono la sostanza: sono qualche cosa di originario e di infinito, che sebbene non adegui qualitativamente la sostanza, è però quantitativamente, cioè *nel suo genere* coestensivo alla sostanza e perciò è con essa nel rapporto di identità, non nel rapporto di determinato a determinante.

DEF. 6. Per Dio intendo l'essere assolutamente infinito, cioè una sostanza costituita da infiniti attributi, dei quali ciascuno esprime un'essenza eterna ed infinita.

Il concetto della sostanza svolto nella DEF. 3 è qui completato nel senso che non solo deve essere l'unità degli attributi dell'estensione e del pensiero (i soli a noi noti e che sono il nostro punto di partenza), ma deve comprendere in sé tutti gli infiniti attributi possibili. L'essere finito è l'essere *«de nihilo participans»* (*Cog. met.*, II, 3). L'essere perfetto non deve involgere in sé nessuna negazione: deve perciò comprendere non solo quanto apprendiamo come realmente esistente, ma anche quanto pensiamo come possibile, purché non implichi contraddizione. In questo senso la sostanza è una sola cosa con Dio: *«Deus sive substantia constans infinitis attributis»* (*Eth.*, I, 11). Quindi Dio deve comprendere in sé anche tutte le infinite forme di essere, che noi possiamo pensare solo in astratto: questo pensiero astratto è come il presentimento degli infiniti aspetti dell'essere, che in Dio sono reali, ma che sono inaccessibili al conoscere umano.

DEF. 7. Libera si dice quella cosa, che esiste per la sola necessità della sua natura ed è determinata all'agire da sé sola: necessaria invece, o piuttosto coatta, si dice quella cosa, che è determinata da altro all'esistere ed all'operare in un certo e determinato modo.

Con questa definizione Spinoza trasporta semplicemente nel campo dell'operare la distinzione dell'*in se esse* ed *in alio esse*. Ciò che è in sé è mosso nell'agire solo dalla necessità della sua natura autonoma; quindi il suo agire è necessario nel senso che esclude la necessità di agire altrimenti da quanto la sua natura esige: ma questa necessità, nell'essere perfetto, non è una limitazione, non è un'imperfezione. Quando si dice che l'essere perfetto esclude ogni imperfezione, non si dice con questo che all'essere perfetto *manchi* l'imperfezione: la negazione d'una negazione non è una negazione. Così quando si dice che l'essere perfetto agisce necessariamente secondo la sua perfetta natura, non si dice con questo che il non poter agire come un essere limitato o imperfetto sia una necessità che lo diminuisce o lo costringe: che anzi questa necessità, che è identica con la sua natura perfetta, è ciò che lo pone al disopra di ogni possibile coazione. Invece ciò che è *in alio* agisce secondo la necessità ricevuta da altro e perciò non può comprendere perfettamente se stesso né come essente, né come agente; perché ciò che è in altro, deve anche esser pensato, compreso per mezzo di altro (DEF. 5): la necessità, secondo cui agisce, è una necessità esteriore, non sua, una coazione.

DEF. 8. Per eternità intendo la stessa esistenza, in quanto si concepisce come discendente necessariamente dalla sola definizione della cosa eterna.

Alla distinzione dell'*in se esse* e dell'*in alio esse*, della libertà e della necessità coatta Spinoza fa seguire la parallela distinzione dell'eternità e del tempo: laddove le cose finite fluiscono nel tempo, l'essere uno e perfetto, la sostanza, è perennemente quello che è, perché l'esistere suo è fondato nella sua natura immutabile. L'esistere delle cose finite è un durare, anche se lo penso senza limiti: perché il durare è un mutare, è un'esistenza che io sento scorrere, perché vi è in essa qualche cosa che finisce o che può finire: in ogni istante vi è qualche cosa che non è più e qualche cosa che non è ancora. Una durata invece che sia immutabile, sempre uguale a se stessa in tutte le sue parti, avente il suo fondamento in sé, non è più una durata (temporale): è un essere immobile che si confonde con la natura immobile della cosa stessa, è l'eternità: «*aeternitas nil est praeter divinam essentiam*» (*Cog. met.*, II, 1).

II. GLI ASSIOMI

ASS. 1. Tutto ciò che è o è in sé o è in altro.

Tutto ciò che è o è la sostanza o è un modo, una determinazione della sostanza. È l'eliminazione recisa dell'ambiguo concetto di sostanza creata.

ASS. 2. Ciò che non può concepirsi per mezzo di altro, deve essere concepito per sé stesso.

Ripete qui per il *concipi* ciò che nell'ASS. 1 dice per l'*esse*. Poiché la realtà è anche un complesso di pensieri procedenti da un pensiero infinito, ogni pensiero singolo, cioè ogni realtà spirituale, deve avere la sua ragione (la sua concepibilità) in un altro pensiero: ma il loro fondamento ultimo, il pensiero infinito, deve avere la sua ragione in sé, *per se concipi*.

ASS. 3. Da una causa determinata data segue necessariamente l'effetto e per contro se nessuna causa determinata è data, è impossibile ne segua l'effetto.

Qui Spinoza esplica la concezione causale universale implicata nell'ASS. 1. Ogni cosa finita *in alio est*: questo *aliud* è la sua causa e da essa segue necessariamente la cosa che ne dipende, come senza di essa non può seguire. La stessa sostanza, che è il fondamento e la ragione di tutte le cose finite in essa comprese, non fa eccezione, perché, come *causa sui*, essa genera eternamente se stessa.

ASS. 4. La conoscenza dell'effetto dipende dalla conoscenza della causa e la implica.

Ripete questa determinazione causale universale sotto l'aspetto del *concipi*. Se, posto il parallelismo universale dell'essere (esteso) e del pensiero, la causa non è solo, come essere, il fondamento dell'essere dell'effetto, ma anche, come pensiero, il fondamento del pensiero per cui è pensato, della sua concepibilità, è naturale che il pensiero dell'effetto implichi il pensiero della causa, in quanto senza di esso l'effetto non potrebbe venir pensato. Certo bisogna qui intendere il concetto di causa nel senso spinozistico, come un essere più vasto e generale, di cui l'effetto è un momento, una determinazione parziale. Questo assioma ha per Spinoza conseguenze importanti. La conoscenza delle cose finite implica la conoscenza della loro causa, cioè di Dio: noi non abbiamo che da svolgere questa, che è già nella prima potenzialmente implicata. Ma d'altra parte anche la conoscenza della realtà finita è perfetta solo quando possediamo la conoscenza, più perfetta che sia possibile, della causa prima, cioè di Dio.

ASS. 5. Le cose che non hanno niente di comune fra sé non possono anche essere comprese l'una per mezzo dell'altra, ossia il concetto dell'una non involge il concetto dell'altra.

Qui Spinoza afferma la continuità della serie causale. In nessun punto può sorgere qualche cosa di nuovo, che non sia già nella causa universale, la sostanza. Se potesse sorgere in un punto qualche cosa avente un essere separato, questo qualche cosa non potrebbe venir implicato col resto in una concatenazione concettuale unica, che è anche, come sappiamo, concatenazione causale. Perciò non potrebbe entrare col resto in un rapporto causale. «(*Hinc clare constat*)... *quod rerum quae nihil commune habent inter se, una alterius esse causa non potest*» (*Ep.* 4).

ASS. 6. L'idea vera deve convenire col suo ideato.

In un assioma Spinoza riassume la sua teoria della conoscenza. Il sistema della universa realtà è, come sappiamo, una duplice concatenazione: da una parte una concatenazione di realtà estese che sono nella sostanza (come estensione): dall'altra una concatenazione di pensieri che sono nella sostanza (come pensiero). Il *nostro* pensiero (che non è se non un complesso di modi del pensiero, facente parte di questa seconda concatenazione) è vero quando coincide con la perfetta concatenazione dei pensieri, così come è nella realtà assoluta, in Dio; perciò corrisponde perfettamente allora alla concatenazione parallela degli esseri (estesi) in Dio. L'ignoranza e l'errore (con tutte le loro conseguenze pratiche, le passioni) nascono nell'uomo quando il *suo* pensiero non coincide più con il sistema dei pensieri divini, ma costituisce una serie mutila e confusa: allora esso non corrisponde nemmeno più al sistema degli esseri, degli *ideati*, così come esso veramente è, cioè come è in Dio.

ASS. 7. Di tutto ciò, che può essere concepito come non esistente, l'essenza non involge l'esistenza.

Qui Spinoza definisce, in contrapposizione alla sostanza, la cui essenza implica l'esistenza, l'essere finito (modo), che è limitato sempre da altro, determinato nell'essere e nell'agire da altro e che perciò, preso in sé, può essere indifferentemente concepito come esistente e come non esistente. Ciò che ha questo carattere non è essere vero (sostanza): perché alla natura dell'essere vero appartiene l'esistere necessariamente ed eternamente.

* * *

In queste definizioni ed in questi assiomi è già sintetizzata, nelle sue linee generali, la visione che Spinoza svolgerà ora, con paziente lavoro di concatenazione logica, nei suoi teoremi. La realtà ultima è un essere unico, fondamento di ogni realtà finita, supremamente reale (DEF. 1), che è per sé ed ha in sé la ragione dell'essere suo: essa è la sola sostanza (DEF. 3). Appunto perché è la suprema realtà, essa comprende in sé tutti gli aspetti irriducibili della realtà, che noi conosciamo (attributi) ed anche quelli che non conosciamo (DEF. 4, 6); è l'essere veramente libero (DEF. 7) ed è una sola cosa con l'eternità (DEF. 8). Ciascuno dei suoi aspetti (attributi) si specifica poi in innumerevoli determinazioni finite o modi (DEF. 5), che sono esistenze limitantisi reciprocamente (DEF. 2) e che «appunto per questa limitazione ci sono date come realtà, periture, la cui essenza non implica l'esistenza (ASS. 7). I modi procedono con rigorosa necessità, mediatamente o immediatamente, dagli attributi, perciò dipendono da essi, hanno in essi la loro ragione, debbono essere pensati per mezzo di essi (ASS. 1-4) e non contengono in sé nulla che non sia già nel loro principio (ASS. 5). La conoscenza vera è quella che abbraccia la totalità delle cose in questa sua unità e verità (ASS. 6).

III. L'ESISTENZA DI DIO

1. Il primo libro si può dividere in tre parti. Nella prima (PROP. 1-11) è svolto il concetto che Dio è una unità per sé esistente (PROP. 1-7), infinita e necessariamente esistente (PROP. 8-11). Nella seconda (PROP. 12-20) sono esposte le proprietà di Dio. Nella terza (PROP. 21-36) si tratta della derivazione delle cose da Dio.

2. PROP. 1. La sostanza antecede per natura le sue affezioni.

La sostanza non è un aggregato, una risultante di affezioni o modi; *prima vi è l'unità.*

In un gruppo di teoremi (PROP. 2-7) Spinoza determina ora il concetto di sostanza, respingendo la concezione comune che vi possano essere più sostanze, le quali si producono le une le altre. Se egli parla ancora qui di «sostanze» al plurale, ciò è perché provvisoriamente considera ancora ogni attributo come una sostanza a sé (*praeter substantias, sive quod idem est, earum attributa,* ecc., *Eth.,* I, 4, *Dem.*): più tardi (PROP. 10) mostrerà che gli attributi non devono essere concepiti che come altrettanti aspetti infiniti di un'unica sostanza. Pensiamo pure più attributi come costituenti ciascuno una sostanza a sé; ma queste diverse sostanze non potranno essere pensate come esercitanti un'azione qualsiasi l'una sull'altra. Ciascuna di esse dovrà essere in sé e compresa per mezzo di sé: ora il rapporto causale sta appunto per Spinoza nell'essere in altro e nell'essere compreso per mezzo di altro: questo *altro* più comprensivo è la causa. Perciò, per quanto al volgare sembri che due cose possono essere in relazione causale senza bisogno d'avere nulla di comune (ciò oppone precisamente Oldenburg a Spinoza nella lettera 3), dobbiamo escludere che sostanze diverse possano agire l'una sull'altra ed essere causa l'una dell'altra (PROP. 3). Ma nemmeno possiamo ammettere che vi siano più sostanze della stessa natura: esse costituiscono allora un'unica sostanza (PROP. 5). Quindi nessuna sostanza può essere prodotta: essere prodotto vuol dire essere in altro e venir compreso per mezzo di altro: ora ciò contraddice direttamente al concetto della sostanza, che è in sé ed è compresa per mezzo di sé.

PROP. 6. Una sostanza non può venir prodotta da un'altra sostanza.

Alla sostanza appartiene quindi necessariamente l'esistere per sé: essa è *causa sui*, in quanto il suo esistere è un portato, una necessità della sua natura, della sua essenza.

PROP. 7. Alla natura della sostanza appartiene l'esistere.

Lo scolio 2 della PROP. 8 è dedicato a ribadire questo principio fondamentale dello spinozismo, espresso nella PROP. 7. L'esperienza ci mette in presenza di esseri limitati: questa limitazione è una negazione, una determinazione nel seno d'un essere più vasto: quindi dobbiamo riconoscere che il mondo degli esseri limitati presuppone un essere unico, illimitato, che è affermazione pura di sé, sostanza. Ora gli esseri limitati possono quando esistere, quando non esistere: appunto in quanto dipendono, quanto alla loro esistenza, dal vario agire della causa nella quale sono. Ma anche quando essi non esistono effettivamente (*actu*), hanno un'esistenza potenziale nella causa: e in questo rispetto possiamo avere una conoscenza vera delle loro essenze, anche se non esistono in modo concreto, fuori della loro causa. Si può concepire quindi che, nel loro riguardo, possa aversi una conoscenza vera dell'essenza, della natura d'una cosa, anche se la cosa non è in quel momento esistente. Ma la sostanza, che è in sé, non in altro, in che cosa potrebbe esistere potenzialmente? Quando perciò noi dalla considerazione degli esseri limitati siamo costretti a porre una sostanza che è a loro fondamento, non possiamo porre solo una essenza astratta, che potrebbe anche essere non esistente: all'idea nostra vera deve corrispondere un'esistenza effettiva e reale. Non sono dunque gli oggetti particolari e limitati che esistono veramente: ciò che veramente esiste è l'unica sostanza che li porta e li contiene in sé come sue parziali negazioni: anche se al nostro occhio essi, con la loro molteplicità e le loro apparenti opposizioni, velano la visione di quest'unità, che è la sola realtà veramente esistente e vivente. Nella seconda parte dello scolio Spinoza rifà per altra via la dimostrazione che ad ogni aspetto della realtà deve corrispondere un unico fondamento, una sola sostanza.

3. Nelle PROP. 8-11 Spinoza mostra che gli attributi non possono costituire più sostanze separate, perché appartiene alla natura della sostanza non solo l'infinità quantitativa (*in suo genere*), ma anche l'infinità qualitativa, assoluta. La realtà si riduce per noi ai due aspetti dell'estensione e del pensiero: perché non facciamo di questi due attributi due sostanze per sé esistenti, due mondi assolutamente separati e ciascuno, nel suo genere, perfetto? Perché, sebbene Spinoza consideri l'estensione assoluta ed il pensiero assoluto come perfetti ciascuno nel suo genere e perciò identificabili, sotto il rispettivo punto di vista, con la sostanza, il fatto che essi ci presentano aspetti diversi ed irreducibili dell'essere ci mostra che essi sono, per quanto nel loro genere non determinati e perfetti, semplici aspetti d'un essere assolutamente perfetto, che solo esaurisce sotto ogni aspetto le infinite possibilità dell'essere e che perciò solo è veramente sostanza esistente per sé necessariamente. Vi è dunque una sostanza sola, rivelantesi sotto infiniti aspetti in infiniti attributi: essa è ciò che noi diciamo Dio.

Dopo d'aver meditato sulla natura, noi non abbiamo potuto trovare in essa finora che due attributi appartenenti a questo essere supremamente perfetto. E questi attributi non sono sufficienti a soddisfarci: ben lungi dal giudicarli i soli, nei quali deve consistere questo essere perfetto, al contrario noi troviamo in noi qualche cosa che ci rivela chiaramente l'esistenza non solo d'un più gran numero, ma ancora d'un'infinità di attributi perfetti, che debbono appartenere a questo essere perfetto, perché possa essere chiamato perfetto. E donde viene quest'idea di perfezione? Questo qualche cosa non può venire da quei due attributi, perché due non fanno che due e non un'infinità; donde dunque ci viene? Non da me certo, perché bisognerebbe allora che io potessi dare ciò che non ho. Donde allora, se non dagli attributi infiniti, i quali ci dicono che essi sono, senza dirci nel medesimo tempo che cosa sono? Perché di due soltanto noi sappiamo che cosa sono (*Breve trattato*, I, 1, nota 3).

Dico che se poniamo esservi qualche cosa di non determinato e di perfetto nel suo genere, che esiste per virtù propria, noi dovremo concedere anche l'esistenza dell'essere assolutamente non determinato e perfetto: che io chiamerò Dio. Se, per esempio, stabiliamo l'estensione o il pensiero (che possono essere perfetti ciascuno nel suo genere, cioè in una certa categoria dell'essere) esistere per virtù propria: dovrà concedersi anche l'esistenza di Dio che è assolutamente perfetto, cioè dell'essere assolutamente non determinato. La parola «imperfezione» denota che ad un essere manca qualche cosa, che pure appartiene alla sua natura. Per esempio, l'estensione può dirsi imperfetta solo sotto i rapporti della durata, della posizione, della quantità; ossia in quanto non dura più a lungo, non conserva il suo posto, non è maggiore di quello che è: ma non sarà mai chiamata imperfetta perché non pensa: perché la sua natura, che consiste nella sola estensione, cioè in una certa categoria dell'essere, non esige niente di tale: essa potrà venir chiamata determinata o non determinata, imperfetta o perfetta solo sotto quel certo rapporto. E poiché la natura di Dio non consiste in una certa categoria dell'essere, ma nell'Essere assolutamente non determinato, la sua natura esige tutto ciò che esprime l'essere perfettamente: perché in caso contrario essa resterebbe determinata e imperfetta. Ciò posto, segue non poter esistere se non un Essere solo, Dio, che esiste per virtù propria. Se infatti noi poniamo, per esempio, che l'estensione involge l'esistenza, è necessario che essa sia eterna e non determinata e non esprima in modo assoluto alcuna imperfezione, anzi contenga tutte le perfezioni: il che vuol dire che l'estensione apparterrà a Dio o in qualche modo esprimerà la natura di Dio: perché Dio è l'essere che è non determinato ed onnipotente secondo l'essenza sua, non solo sotto un certo aspetto, ma in senso assoluto. E ciò che abbiamo detto dell'estensione dovrà dirsi di ogni altra cosa che vorremo porre nello stesso modo. Concludo quindi che Dio solo, e nulla fuori di lui, esiste per virtù propria (*Lett.* 36).

Così definita la sostanza unica, Spinoza applica ora ad essa ciò che di essa si è genericamente detto nella PROP. 7.

PROP. 11. Dio, cioè la sostanza costituita di infiniti attributi, ciascuno dei quali esprime un'essenza eterna ed infinita, esiste necessariamente.

Spinoza dà di questo teorema tre dimostrazioni: le quali sono tutte fondate sullo stesso principio e riproducono – certo però in una forma tutta particolare a Spinoza – la famosa prova ontologica dell'esistenza di Dio. Il volgare non si eleva al disopra delle cose finite e particolari e ad esse sole attribuisce una reale esistenza: la loro unità è per lui soltanto un'interpretazione soggettiva, un pensiero, la cui realtà non è affatto sicura. Ma se noi le consideriamo filosoficamente, noi vediamo che tutte le cose finite sono tali perché sono determinate e negate da altre cose finite, che le une e le altre sono contenute in realtà più vaste, le quali danno ad esse la potenza di essere e di agire e contengono in sé la ragione delle loro determinazioni e negazioni reciproche. Ora queste realtà più vaste, in quanto anch'esse determinate e finite, ci rinviano anch'esse ad altre e così in ultimo ad una realtà unica e suprema che contiene in sé l'essere e l'attività di tutte le cose è la ragione di tutte le cose e delle loro determinazioni nel mondo dell'esistenza finita. Questa è la realtà piena; l'essere perfettamente positivo, che, non avendo nulla fuori di sé che possa determinarlo e limitarlo, non può né sorgere, né mutare, né perire ed esiste eternamente per la sola virtù propria, mentre le determinazioni sue singole sorgono e periscono, ora esistono ed ora non esistono. Non sarebbe ora una contraddizione l'assumere che esista realmente un essere singolo, per esempio, il mio io pensante, e sia invece incerta l'esistenza dell'essere universale, della sostanza, per cui soltanto è possibile l'esistenza dell'essere singolo? Ciò sarebbe come credere che sia reale solo un piccolo tratto di spazio che vediamo e dubitare dell'esistenza dell'infinito spazio, dal quale soltanto tuttavia è determinato in tutti i suoi rapporti il piccolo spazio finito che vediamo.

La dimostrazione non ha quindi per scopo di condurre a credere nell'esistenza di Dio, ma di giustificare logicamente la visione filosofica dell'unità delle cose in Dio. Il volgare non vede in Dio che le cose particolari: lo spirito filosofico nelle cose particolari non vede che Dio. L'argomento ontologico non ha per fine di costringere il volgare a credere in Dio (ben altro ci vuole per elevare lo spirito a Dio!), ma di mostrare che colui, il quale vede Dio nelle cose particolari, si contraddirebbe logicamente se, attribuendo a queste una reale esistenza, ammettesse ancora il minimo dubbio circa la reale esistenza di Dio. Poiché ogni cosa finita ha una esistenza limitata, in quanto è determinata e negata da altre cose finite e poiché tutte le cose hanno il loro fondamento in una realtà unica (in caso contrario esse non potrebbero nemmeno entrare in rapporto le une con le altre), questa sola, che contiene tutte le determinazioni, non è soggetta ad alcuna limitazione o negazione: e perciò essa sola esiste veramente ed eternamente senza limiti per virtù di quella forza medesima, per la quale soltanto le cose particolari esistono: anche se ai nostri occhi questa sua esistenza si rivela sempre solo nell'esistenza delle sue determinazioni finite. «La perfezione non toglie l'esistenza, anzi la pone; l'imperfezione invece è ciò che la toglie: quindi di nessuna cosa possiamo essere più certi che dell'esistenza dell'Essere assolutamente infinito e perfetto, cioè di Dio» (*Et.*, I, 11, *scol.*).

Per ogni cosa deve esservi una ragione o causa, per cui essa esiste o per cui non esiste. Per esempio, se un triangolo esiste, deve esservi una ragione o causa per cui esiste; e se non esiste, deve pure darsi una ragione o causa, la quale impedisce che esso esista, cioè toglie la sua esistenza. Questa ragione o causa deve essere contenuta o nella natura della cosa o fuori di essa. La ragione, per esempio, per cui un circolo quadrato non esiste, è indicato dalla stessa sua natura: poiché essa involge una contraddizione. La ragione invece, per cui la sostanza esiste, procede egualmente dalla sola sua natura, la quale involge l'esistenza. Ma la ragione per cui un circolo o un triangolo esiste o non esiste, non segue dalla loro natura, bensì dall'ordine dell'universa natura corporea: da quest'ordine infatti deve seguire o che il triangolo per necessità attualmente esista, o che la sua esistenza attuale sia impossibile. Queste cose sono chiare per sé. Da ciò segue che necessariamente esiste ciò, la cui esistenza non è impedita da alcuna ragione o causa. Se pertanto non può esservi alcuna ragione o causa, la quale impedisca che Dio esista, ossia tolga la sua esistenza, se ne dovrà per forza concludere che Dio necessariamente esiste. Ma se vi fosse una tale ragione o causa, essa dovrebbe trovarsi o nella stessa natura di Dio o fuori di essa, cioè in altra sostanza di diversa natura. Perché se fosse della stessa natura, con ciò si concederebbe già che Dio esiste. Ma una sostanza che fosse di diversa natura, non potrebbe avere nulla di comune con Dio (per la PROP. 2), quindi non potrebbe né porre, né togliere la sua esistenza. Non potendo esservi dunque fuori della natura divina alcuna ragione o causa, che tolga l'esistenza di Dio, essa dovrebbe trovarsi, se Dio non esiste, nella stessa sua natura, che dovrebbe allora implicare una contraddizione. Ora è assurdo affermare questo dell'Essere assolutamente infinito e sommamente perfetto: quindi non vi è né in Dio, né fuori di Dio alcuna causa o ragione che ne tolga l'esistenza e perciò Dio necessariamente esiste (*Et.*, I, 11, seconda *dim.*).

IV. LE PROPRIETÀ DI DIO

1. Nelle PROP. 12-20 Spinoza determina alcune proprietà della sostanza divina. In primo luogo Spinoza deriva facilmente la conseguenza che Dio è un'unità indivisibile. La sostanza in genere non può essere divisa: anche l'estensione, in quanto sostanza, non è divisibile

(PROP. 12). Perciò Dio, come sostanza assolutamente infinita, è indivisibile (PROP. 13).

Se ci si chiede perché noi siamo così naturalmente propensi a dividere la quantità [l'estensione], io rispondo che la quantità può essere concepita da noi in due modi, e cioè astrattamente, superficialmente, come ce la foggiamo col senso, oppure come sostanza, ciò che è possibile per il solo intelletto. Se noi ci riferiamo alla quantità come è nel senso, che è il caso più ordinario e più facile, la troveremo finita, divisibile e constante di parti; se invece la consideriamo come è nell'intelletto e la concepiamo come sostanza, ciò che è molto più difficile, allora troveremo che essa è infinita, unica e indivisibile (*Et.*, I, 15, *scol.*).

2. In secondo luogo Dio è l'unica sostanza: nulla è o può essere pensato fuori di Dio (PROP. 14-15). Nello scolio alla PROP. 15 Spinoza vuol mostrare che anche l'estensione è in Dio: ciò che naturalmente è ben lontano dal voler dire che Dio sia corporeo.

Gli argomenti [di coloro che separano interamente l'estensione o sostanza estesa da Dio e vogliono che essa sia stata creata come qualche cosa di esteriore a lui] si riducono a questi. In primo luogo che la sostanza corporea consta, com'essa credono, di parti: per questo negano che possa essere infinita e quindi che possa appartenere a Dio... Un secondo argomento si trae anche dalla somma perfezione di Dio. Dio infatti, essi dicono, essendo l'essere sommamente perfetto, non può patire: ora la sostanza corporea, in quanto divisibile, può patire: ne segue pertanto che essa non appartiene all'essenza di Dio... Ma se alcuno vorrà esaminare la questione, vedrà che tutti questi assurdi, da cui vogliono concludere che una sostanza estesa è finita, non derivano affatto da ciò che si pone una quantità infinita, ma da ciò che si pone questa quantità infinita come misurabile e composta di parti finite; onde dagli assurdi sovraesposti null'altro si può concludere se non che una quantità infinita non è misurabile e non consta di parti... La sostanza corporea, che non può essere concepita altrimenti se non come infinita, unica e indivisibile, essi la concepiscono constante di parti finite, molteplice e divisibile, per argomentare poi che essa è finita. È così che altri, dopo aver supposto che la linea consti di punti, sanno trovare molti argomenti per mostrare che la linea non può essere divisa all'infinito. Ed in effetto tanto è assurdo il supporre che la sostanza corporea sia costituita di corpi, ossia di parti, quanto il supporre che il solido sia composto di superfici, la superficie di linee, la linea di punti (*Et.*, I, 15, *scol.*).

3. L'infinita realtà della sostanza divina si esplica necessariamente in una produzione infinita: essa è come una ragione eterna, che contiene e svolge eternamente da sé tutte le infinite realtà particolari, come conseguenze infinite che un intelletto infinito potrebbe derivarne. Abbiamo veduto essere uno dei principi capitali della filosofia di Spinoza l'identità della ragione e della causa (v. DEF. 5): dall'essere divino le infinite realtà derivano eternamente come altrettante conseguenze da un principio e nello stesso tempo come altrettanti prodotti reali dalla loro causa efficiente. Questa identificazione della produzione reale con la deduzione logica è possibile in Spinoza in quanto anche la produzione reale da parte di Dio non è una produzione nel tempo: è un procedere eterno, nel quale l'effetto e la causa sono simultanei. Il tempo, come si vedrà, è solo un *modus cogitandi seu potius imaginandi* (*Lett.* 12), vale a dire una creazione del nostro senso imperfetto.

PROP. 16. Dalla necessità della natura divina debbono discendere infinite cose in infinite maniere (cioè tutte quelle cose che può pensare un intelletto infinito).

4. Dio agisce per la necessità dell'essere suo, non per una necessità forzata: quindi Dio (e Dio solo) è causa libera (PROP. 17). Qui Spinoza applica a Dio ciò che della libertà si è detto nella definizione settima. Questa identificazione della libertà divina con la necessità della sua natura sembra (a torto) condurre ad una specie di fatalismo intelligibile: ed è per reagire contro questa concezione, che sembra

ridurre l'attività divina ad una specie di necessità cieca di natura, che si suole attribuire a Dio anche una specie di libertà di elezione, una causalità libera, non legata in alcun modo ai suoi effetti. Ma ciò riposa sopra un falso concetto della libertà. Anche nell'uomo la vera libertà non è la libertà di indifferenza, ma la direzione costante verso il bene:*Deo servire libertas*. Quando il concetto di necessità sia rigorosamente compreso, esso non ha nulla di contrario alla libertà; alla quale si oppone la necessità *coacta*, servile, non la necessità della propria natura, che è necessità libera.

Nello scolio che segue Spinoza si volge contro il falso concetto comune della libertà divina. Egli combatte l'antropomorfismo volgare che attribuisce a Dio intelligenza e volontà e, in genere, predicati umani.

Inoltre vorrei qui notare, che, mentre parliamo filosoficamente, non dobbiamo servirci di espressioni teologiche. Perché siccome la teologia qua e là, e non a torto, si rappresenta Dio come un uomo perfetto, è naturale che poi nella teologia si dica che Dio desidera qualche cosa, che si affligge dell'opera dei malvagi e si compiace dei giusti; ma in filosofia, dove chiaramente vediamo che quei predicati i quali rendono l'uomo perfetto convengono così poco a Dio come all'uomo quelli che fanno perfetto l'elefante o l'asino, queste ed altre simili espressioni sono fuori di posto, né possono venir usate senza una confusione completa dei nostri concetti. Perciò, filosoficamente parlando, non si può dire che Dio esige qualcosa da qualcuno o che qualcosa gli è molesto o grato: perché tutti questi sono predicati umani, che in Dio sono fuori di posto (*Lett.* 23).

Come spesso accade quando condanna il volgare concetto antropomorfico di Dio, qui Spinoza dà al suo pensiero un'espressione che oltrepassa, qualche volta, le sue stesse intenzioni. L'intelletto e la volontà che appartengono all'essenza divina (egli dice) differiscono totalmente dal nostro intelletto e dalla nostra volontà e non hanno di comune che il nome, non altrimenti che il cane, costellazione celeste, ed il cane, animale latrante. Al che un acuto suo corrispondente obbietta: «Se l'intelletto di Dio differisce per l'essenza e l'esistenza dal nostro, non avrà con esso nulla di comune e quindi (per la PROP. 3 del libro I) l'intelletto di Dio non potrà essere causa del nostro» (*Lett.* 63).

Spinoza combatte qui in secondo luogo l'opinione che Dio non abbia creato tutto ciò che il suo intelletto può concepire, come se il creare tutto ciò che può pensare conducesse Dio ad esaurire la sua onnipotenza.

[Altri], sebbene concepiscano Dio come un essere infinitamente intelligente in atto, non credono che egli possa dare l'esistenza a tutte le cose che in atto intende, perché credono di distruggere in tal modo la potenza di Dio. Se, dicono, egli avesse creato tutto ciò che è nel suo intelletto, non avrebbe potuto creare nulla di più, ciò che essi credono contraddica alla onnipotenza di Dio: perciò hanno preferito ammettere Dio come indifferente verso tutte le cose e determinato a creare soltanto ciò che per una volontà assoluta ha deciso di creare. Ma io credo aver mostrato chiaramente (PROP. 16) che dalla suprema potenza di Dio cioè dall'infinita sua natura fluiscono infinite cose in un'infinità di modi: e così che tutto è fluito da lui necessariamente e sempre ancora fluisce con la stessa necessità: così come da tutta l'eternità e per l'eternità dalla natura del triangolo segue che i suoi angoli siano uguali a due retti. Perciò l'onnipotenza di Dio fu dall'eternità in atto e rimane per l'eterno nella stessa attualità. Ed in questo modo l'onnipotenza divina è posta, io credo, molto più perfetta: che anzi i miei avversari sembrano (diciamolo apertamente) negare tale onnipotenza. Essi sono infatti costretti a confessare che Dio pensa infinite cose creabili, le quali tuttavia non ha potuto mai creare. Perché altrimenti, se cioè creasse tutto ciò che pensa, esaurirebbe, secondo essi, la sua onnipotenza e si renderebbe imperfetto. Così per fare Dio perfetto sono ridotti a porre che egli non può creare tutte le cose a cui si estende la sua potenza: la cosa più assurda e ripugnante all'onnipotenza di Dio, che si possa immaginare (*Et.*, I, 17, *scol.*).

5. Poiché tutto è in Dio e nulla può essere o venir pensato fuori di lui, l'attività infinita di Dio non può essere un'attività che, per così dire, si espanda fuori di lui: è un'attività interiore, immanente, non transeunte in altro.

PROP. 18. Dio è causa immanente di tutte le cose non transeunte.

Già nel *Breve trattato* Spinoza dice: «Dio è causa immanente, non transeunte, perché opera tutto in sé e nulla fuori di sé; poiché fuori di Dio non vi è nulla». E la stessa dottrina ripete con le stesse parole nella lettera 73 (del 1675) richiamandosi alle note parole di Paolo (*Acta Ap.* XVII, 28): «*In ipso enim vivimus et movemur et sumus*». Egli riconosce di trovarsi, su questo punto, in opposizione con la filosofia tradizionale: per quanto anche in questo avrebbe potuto trovare un antecedente nella dottrina della creazione continua: concetto già accolto da Agostino, da Tommaso d'Aquino e da Cartesio, che Spinoza espone nei *Cogitata metaphysica* (I, 3, e II, 11).

La conseguenza diretta di questa proposizione è il panteismo, l'identità del mondo e di Dio. Ma come deve essere intesa questa identità? Essa è stata qualche volta intesa come riduzione di Dio al mondo: e così è stato spesso interpretato Spinoza, specialmente dalla filosofia naturalista. Questo panteismo è in realtà un ateismo: quando si riduce Dio alla natura, si accoglie in fondo una forma di ateismo naturalistico. Ma questa interpretazione è da escludere: il *Deus sive natura* di Spinoza ha tutt'altro senso. «Se alcuni credono (scrive nella *Lett.* 73) che il *Trattato teologico-politico* miri ad identificare Dio e la natura, intesa questa come una massa estesa, come la materia corporea, essi sbagliano completamente strada».

La conseguenza sarebbe poco diversa anche intendendo per Natura l'ordine interiore delle cose finite e delle loro leggi, l'insieme eterno di principi che sembrano reggere il corso della realtà esteriore: chiamare Dio l'insieme di questi principi è solo introdurre un concetto vago, vuoto, logicamente incoerente. È vero che Spinoza sembra in qualche passo favorire questa interpretazione; come, per esempio, nel cap. III del *Trattato teologico-politico*, dove dice che le leggi di natura non sono altro che la stessa potenza di Dio. Ma egli non dice l'inverso: Spinoza vedeva troppo chiaramente che, riducendo Dio ad una molteplicità di leggi e di principi, si viene in fondo a porre una molteplicità assoluta, negando l'unità: ora tutta la sua filosofia è fondata sul principio opposto dell'unità della sostanza, dell'unità del soggetto di tutte le cose.

Più vicini allo spirito della sua filosofia sono quelli, che, come Hegel, hanno definito la filosofia di Spinoza una specie di acosmismo. Ma anche questo può venir inteso in più sensi. Se si intende nel senso che ogni entità particolare è irreale e si dissolve nell'unità indistinta dell'infinito, tale non è l'opinione di Spinoza. Basti ricordare il rapporto fra gli attributi e la sostanza. Dio non è per Spinoza l'indistinzione assoluta: è un'unità non determinata in alcun modo particolare, ma comprendente in sé tutti i particolari: è una molteplicità identica, un'unità infinitamente ricca e varia nella sua vivente molteplicità. Legittimo è invece il concetto di acosmismo se si applica al rapporto del mondo eterno della sostanza col mondo umano creato dal nostro senso: il quale non è che una visione imperfetta del mondo eterno e per sé non esiste affatto. Ma di questo più innanzi.

Merito di Spinoza ad ogni modo è l'avere accentuato nella filosofia moderna questo principio dell'unità fondamentale delle cose in Dio, l'aver eliminato l'ambiguo concetto delle sostanze create, che sono in Dio e fuori di Dio, che tutto hanno da Dio e tuttavia dovrebbero possedere un'attività indipendente da Dio. In quest'ambiguità hanno la loro origine la maggior parte delle eterne questioni che trascina appresso a sé, come difficoltà insolubili, il pensiero teologico.

6. Per ultimo Dio è nell'eternità, non nel tempo (PROP. 19): ciò segue dal concetto stesso della sostanza, che esiste per un'eterna necessità della sua natura. E quindi in Dio non vi è ragione di distinguere l'essenza dall'esistenza (PROP. 20).

PROP. 19. Dio, cioè tutti i suoi attributi sono eterni.

PROP. 20. L'esistenza e l'essenza di Dio sono una sola e medesima cosa.

Un essere particolare e limitato, pensato isolatamente da Dio, non implica per nulla la necessità della sua esistenza attuale e concreta:

esso, per il fatto stesso che è limitato, soggiace all'azione di cause esteriori limitanti, dalle quali dipendono il suo esistere e il suo non esistere nel tempo. Si crea così, nel rispetto di tutti gli esseri limitati, una specie di dissidio, di dualità fra l'essenza e l'esistenza. L'essenza di ogni cosa, anche limitata, è un principio eterno, un modo infinito ed eterno, che, come tale, partecipa della stessa eternità divina, dalla quale non può essere scisso. Ma non perciò essa è sempre presente nel tempo, nel mondo della nostra esperienza, dove (per difetto della nostra esperienza, che è sempre un conoscere mutilo e confuso) ora appare come presente, esistente, ora come non esistente, come esistente solo potenzialmente nelle sue cause. Quindi è possibile, per le cose limitate, una conoscenza, anche vera, delle loro essenze, che è una semplice conoscenza astratta, senza alcuna corrispondenza nella realtà esistente. Come, per esempio, quando io penso «Alessandro Magno»: rappresentazione vera, ma che non ha il suo corrispondente oggetto nel mondo dell'esistenza attuale. Invece, per il concetto della sostanza, questa dualità non è possibile. Sarebbe una contraddizione logica, si è veduto, pensare la sostanza come un'astrazione del nostro pensiero: essa è anzi sempre presente, perché in tutto ciò che è presente ed esiste, solo la sostanza esiste. Perciò non vi è, in vero senso, esistenza per la sostanza, ma perennità sempre uguale: la sua esistenza è l'eternità, è la sua essenza sempre uguale ed eternamente presente.

V. LA DERIVAZIONE DELLE COSE DA DIO

1. Nell'ultima parte del I libro (PROP. 21-36) Spinoza tratta di Dio in rapporto alle cose prodotte. Nelle PROP. 21-23, 25 tratta della processione da Dio d'un mondo di essenze eterne ed infinite. Dagli attributi di Dio procede immediatamente un certo numero di essenze primitive, eterne ed infinite: da queste procedono altre essenze derivate, egualmente eterne ed infinite. Quali siano i modi eterni primitivi lo sappiamo dal cap. 9 del primo libro del *Breve trattato*. Dagli attributi del pensiero e dell'estensione procedono rispettivamente i due modi infiniti primitivi dell'intelletto e del movimento, i due Figli di

Dio. Il modo primitivo eterno dell'intelletto è l'infinito intelletto divino, del quale tutti i pensieri determinati sono parti, momenti costitutivi. Esso deve venir distinto dal pensiero come attributo (che è la *cogitatio absoluta*); il pensiero come attributo è ancora l'unità, è il fondamento sostanziale di tutte le attività cogitanti, quale è nella sua unità originaria, in Dio; l'intelletto infinito è l'unità già riversantesi nella molteplicità, è il complesso di tutte le attività cogitanti, quali modi eterni. «La mente nostra, in quanto pensa, è un modo eterno del pensiero, che è determinato da un altro modo eterno del pensiero e questo da un altro e così all'infinito: così che tutti insieme costituiscono l'eterno ed infinito intelletto di Dio» (*Et.*, V, 40, *scol.*). E poiché l'intelletto divino, che comprende in sé tutti i pensieri e dal quale tutti si possono svolgere, è il pensiero che ha per oggetto la totalità, cioè Dio, così Spinoza lo chiama anche *idea Dei. Breve trattato*, II, 22 (nota): «L'intelletto infinito che noi abbiamo chiamato il figlio di Dio, deve essere da tutta l'eternità nella Natura: perché essendo Dio da tutta l'eternità, anche l'idea sua deve essere da tutta l'eternità nella cosa pensante». E nella Append. II, ib.: «La modificazione più immediata dell'attributo, che diciamo pensiero, contiene in sé, come oggetto, l'essenza formale di tutte le cose… E poiché Dio, o la Natura, è un essere, del quale possono venir predicate infinite proprietà e che contiene in sé le essenze di tutte le cose create, deve prodursi necessariamente nel pensiero un'idea infinita, che abbraccia in sé come oggetto l'intera Natura, tale quale è realmente in sé… Perciò noi abbiamo chiamato quest'idea figlia di Dio o immediata creatura di Dio, perché essa contiene in sé come oggetto l'essenza formale di tutte le cose, senza subire aumento né diminuzione. E quest'idea è necessariamente una perché tutte le essenze delle proprietà [cioè degli attributi] e delle determinazioni in esse comprese costituiscono l'essenza d'un unico, infinito essere». Il secondo modo primitivo, corrispondente all'attributo dell'estensione, è il movimento, o meglio la somma totale dei movimenti del mondo esteso, che, sebbene si ripartisca in ogni istante in un modo diverso, rimane sempre la stessa. Da queste essenze prime derivano poi i modi eterni derivati, cioè le essenze eterne delle cose, le *res fixae et aeternae*, che nel *Trattato sull'emendazione dell'intelletto* Spinoza oppone alle cose singolari e mutevoli.

Nonostante questa distinzione, Dio è però sempre causa diretta ed esclusiva di tutte le cose, perché, come causa immanente, anche nei modi eterni derivati è ed opera direttamente (*Et.*, I, 28, *scol.*). Come causa immanente, Dio li costituisce con l'essenza propria: le essenze delle cose non sono sostanze che siano fuori di lui, ma affezioni, modi della sostanza divina (*Et.*, I, 25,*coroll.*).

L'insieme di questi modi eterni ed infiniti procedenti dall'essenza divina costituisce ciò che Spinoza (con espressione scolastica, che risale ad Averroè e ricorre, fra altri, anche in Tommaso d'Aquino e in Bruno) chiama *natura naturata*, in opposizione a Dio, come unità e causa immanente di questi modi, che è la *natura naturans*.

Per Natura naturante dobbiamo intendere ciò che è in sé ed è per sé concepito, cioè quegli attributi della sostanza che esprimono un'essenza eterna ed infinita o (ciò che è lo stesso) Dio considerato come causa libera. Per Natura naturata intendo tutto ciò che segue dalla necessità della natura divina ossia dagli attributi di Dio, cioè tutti i modi degli attributi divini, in quanto sono considerati come cose che sono in Dio e che senza Dio non possono né essere, né essere concepite (*Et.*, I, 29, *scol.*).

2. Ma se il mondo che procede dall'infinita ed eterna essenza di Dio è un mondo di essenze infinite ed eterne, donde il mondo delle cose finite? Quando io considero (con l'intelletto) una cosa particolare nella unità infinita di Dio, io non posso considerarla come isolata e determinata: anch'essa è un'essenza infinita ed eterna ed anche per essa (in quanto involge l'eterna e infinita essenza di Dio) l'esistenza si confonde con l'essenza. Ma se io considero una cosa particolare come recisa, per così dire, dal seno dell'unità infinita, io la trasformo in un essere finito e limitato: essa non ha più in sé e nella sua unità con Dio le ragioni del suo esistere: la sua essenza non involge più l'esistenza (PROP. 24). Bisogna dunque distinguere tra i modi in quanto vengono considerati come esistenti in Dio e i modi in quanto vengono considerati come collegati soltanto con altri modi, cioè con

altre cose particolari (ciò che opera in noi il senso, l'*imaginatio*): in questo secondo caso è naturale che il modo appaia a noi (data la limitazione della nostra *imaginatio*) ora come presente, per virtù delle sue cause particolari, nell'orizzonte del nostro conoscere; ora come non presente, cioè ora come esistente, ora come non esistente. Non vi sono dunque in realtà modi finiti: vi sono due modi nostri di apprendere la realtà divina, con l'*intelletto* e con l'*imaginatio*. Il primo è costituito da conoscenze adeguate ed apprende il mondo delle essenze eterne ed infinite così come veramente è in Dio; il secondo dà origine al mondo (apparente) dei modi finiti, dovuto all'imperfezione della confusa e mutila visione nostra. Quindi si può parlare d'una duplice esistenza delle cose: l'esistenza nel tempo (cui corrispondono i modi finiti) e l'esistenza in Dio (cui corrispondono i modi eterni ed infiniti).

Noi possiamo concepire in due modi le cose come esistenti in atto: o in quanto le concepiamo come esistenti in relazione ad un certo tempo e luogo o in quanto le concepiamo come contenute in Dio e procedenti dalla necessità della natura divina. Quelle che noi concepiamo come vere e reali in questo secondo modo, le concepiamo sotto il punto di vista dell'eternità e le loro idee involgono l'eterna ed infinita essenza di Dio (*Et.*, V, 29, *scol.*).

Qui per esistenza non intendo la durata, cioè l'esistenza concepita isolatamente come una specie di quantità. Parlo della natura stessa dell'esistenza che viene riferita alle cose singolari in quanto dall'eterna necessità di Dio procedono infinite cose in infiniti modi. Parlo cioè della stessa esistenza delle cose singolari in quanto sono in Dio. Poiché sebbene ciascuna cosa sia determinata ad esistere in un certo modo da un'altra cosa singolare, la forza tuttavia per cui ciascuna cosa persevera nell'esistere procede dall'eterna necessità della natura divina. (*Et.*, II, 45, *scol.*).

E così alla distinzione del mondo dei modi eterni e del mondo dei modi finiti corrisponde una duplice causalità: la causalità divina, per cui da Dio procede eternamente il mondo dei modi, delle essenze egualmente infinite ed eterne; e la causalità empirica, per cui ogni modo finito è ricondotto ad un altro modo finito, che è la condizione della sua esistenza nel tempo, questo ad un altro e così indefinitamente.

PROP. 28. Qualsiasi cosa particolare ossia qualunque cosa che è finita ed ha un'esistenza determinata non può esistere né esser determinata ad operare se non venga determinata ad esistere e ad operare da un'altra causa, che anch'essa è finita ed ha un'esistenza determinata; ed alla sua volta questa causa non può esistere né esser determinata ad operare se non venga determinata ad esistere e ad operare da un'altra, che anch'essa è finita ed ha un'esistenza determinata; e così all'infinito.

Dimostrazione. Tutto ciò che è determinato ad esistere e ad operare è stato da Dio così determinato (PROP. 26 e PROP. 24, *coroll.*). Ma ciò che è finito ed ha un'esistenza determinata non ha potuto essere prodotto dalla natura assoluta di qualcuno degli attributi di Dio: perché tutto ciò che procede dalla natura assoluta di qualcuno degli attributi di Dio è infinito ed eterno (PROP. 21). Dovette dunque procedere da Dio o da qualcuno dei suoi attributi in quanto è considerato come affetto da un certo modo: perché nulla vi è fuori della sostanza e dei modi (ASS. 1 e DEF. 3, 5) e i modi (PROP. 25, *coroll.*) non sono altro che affezioni degli attributi di Dio. Ma nemmeno poté procedere da Dio o da alcuno dei suoi attributi in quanto è affetto da una modificazione eterna ed infinita (PROP. 22). Dovette dunque procedere, ossia essere determinato ad esistere e ad operare da Dio o da qualche suo attributo in quanto affetto da una modificazione che è finita ed ha un'esistenza determinata. Inoltre anche questa causa o modo (per la stessa ragione che ha servito alla prima parte di questa dimostrazione) ha dovuto essere determinata da un'altra anch'essa finita ed avente una esistenza determinata: alla sua volta quest'ultima (per la stessa ragione) da un'altra e così all'infinito.

3. Nelle PROP. 26-27, 29-30, 32-36 Spinoza tratta dell'attività degli esseri in quanto dipendente e per l'essere e per l'esistere da Dio e trae la conseguenza che tutto, in quanto determinato da Dio, è necessario. Poiché Dio è causa immanente delle cose, esse sono necessariamente e rigorosamente determinate in ogni loro attività da Dio.

PROP. 26. Una cosa, che è determinata ad una certa operazione, è stata da Dio così determinata; e quella che non è stata determinata non può determinare se stessa ad operare.

PROP. 27. Una cosa che è stata determinata da Dio ad una certa operazione non può da sé rendersi indeterminata.

Il possibile e il contingente non fanno quindi parte della realtà: essi sono dovuti solo ad un'imperfezione del conoscere umano: nella realtà delle cose non v'è contingenza.

PROP. 29. Nella natura delle cose non vi è alcun contingente, ma tutto è determinato dalla necessità della natura divina ad esistere e ad operare in un certo modo.

Avendo così chiarissimamente mostrato che non vi è in senso assoluto nelle cose nulla per cui possano dirsi contingenti, voglio in poche parole spiegare che cosa dobbiamo intendere per contingente; e prima che cosa siano il necessario e l'impossibile. Una cosa è detta necessaria o sotto il rispetto dell'essenza o sotto il rispetto della causa. Perché l'esistenza d'una cosa può procedere necessariamente o dalla sua essenza e definizione o da una data causa efficiente. Inoltre sotto gli stessi rispetti una cosa può esser detta impossibile: e cioè o perché la sua essenza o definizione involge una contraddizione o perché non vi è alcuna causa esterna determinata a produrre tale cosa. Ma una cosa non può esser detta contingente per nessun'altra ragione che in riguardo alla deficienza del nostro conoscere. Una cosa, di cui non sappiamo se l'essenza sua involga una contraddizione o, se anche ben sappiamo che l'essenza sua non involge contraddizione, – della cui esistenza non possiamo affermare nulla di certo, perché non ci è nota la concatenazione delle cause – tale cosa non potrà apparirci né come necessaria, né come impossibile; perciò la diciamo contingente o possibile. (*Et.*, I, 33, *scol.* 1).

Quindi Spinoza estende in modo particolare questa considerazione all'intelletto, che non può, diremo così, spaziare fuori del reale, non può che riflettere gli attributi di Dio e le loro modificazioni, senza poter creare ed introdurre nulla di nuovo e di proprio. L'errore e la finzione non sono che un parziale oscuramento: essi non colgono altro reale che quello che procede necessariamente da Dio. «L'errore non è nulla di positivo» (*Princ. filos. cartes.*, I, 15). «La chimera, la finzione e l'ente di ragione non possono annoverarsi fra gli enti» (*Cog. met.*, I, 1).

PROP. 30. L'intelletto, finito o infinito in atto, deve comprendere gli attributi e le affezioni di Dio e niente altro.

In secondo luogo Spinoza estende la stessa verità anche alla volontà, la quale non è una facoltà creatrice di alcunché di nuovo: anche la sua azione fa parte dell'azione risultante dall'azione divina e si inserisce in essa come un momento necessario.

PROP. 32. La volontà non può dirsi causa libera, ma soltanto necessaria.

Qui Spinoza accenna soltanto di passaggio al problema della libertà, sul quale si estenderà maggiormente più innanzi. Nei corollari della PROP. 32 e nelle PROP. 33-36 egli applica queste conclusioni anche alla totalità della realtà in rapporto all'azione divina e si preoccupa di purificare il concetto dell'azione divina da ogni rappresentazione antropomorfica. Data la unità della sostanza e la necessità della processione delle cose dalla sostanza, è evidente che le cose non potrebbero procederne in altro modo o in altro ordine da quello in cui procedono (PROP. 33). Perché se si suppone che Dio potesse anche produrle altrimenti, si suppone con ciò che anche la volontà e l'intelletto di Dio, e così la sua essenza, potrebbero essere altri da quello che sono (*ib.*, *scol.* 2). La potenza di Dio coincide quindi con la sua essenza e tutto ciò che è nella sua potenza esiste necessariamente

(PROP. 34-35). Come per converso l'essenza coincide con la potenza e perciò in Dio e in ciò che ne procede tutto è attività e creazione continua (PROP. 36).

PROP. 33. Le cose non hanno potuto essere prodotte in altro modo o in altro ordine da quello secondo cui sono state prodotte.

PROP. 34. La potenza di Dio è la stessa sua essenza.

PROP. 35. Tutto ciò che concepiamo essere in potere di Dio, ciò è necessariamente.

PROP. 36. Nulla esiste, dalla cui natura non segua qualche effetto.

Segue chiaramente da ciò che precede che le cose sono state prodotte da Dio con una somma perfezione, perché esse sono scaturite necessariamente da una data natura perfettissima. Né ciò imputa a Dio alcuna imperfezione: anzi è la sua perfezione che ci costringe ad affermàre questo. Ed è dalla affermazione contraria che si dedurrebbe Dio non essere sommamente perfetto: perché, se le cose fossero state prodotte in altro modo, bisognerebbe attribuire a Dio un'altra natura, diversa da quella che la considerazione dell'Essere perfettissimo ci costringe ad attribuirgli. Ma io temo che molti respingano come assurda questa mia opinione e non vogliano nemmeno esaminarla: e ciò solo perché sono abituati ad attribuire a Dio un'altra libertà, ben diversa da quella che è stata da noi insegnata (DEF. 7) e cioè una libertà assoluta. Tuttavia credo che, se vogliono ponderare la cosa ed esaminare lealmente la serie delle mie dimostrazioni, anch'essi finiranno per respingere una tale libertà, quale essi attribuiscono a Dio, non solo come cosa futile, ma come un grande ostacolo alla scienza. Per essi io voglio ancora mostrare che, anche ammettendo che la volontà appartenga all'essenza di Dio, dalla sua perfezione segue nondimeno che le cose non hanno potuto essere create in altro modo ed in altro ordine: il che sarà facile a dimostrarsi, se consideriamo prima ciò che essi stessi concedono e cioè che dal solo decreto e volontà di Dio dipende che ciascuna cosa sia quello che essa è. Perché altrimenti Dio non sarebbe causa di tutte le cose. E in secondo luogo se consideriamo che tutti i decreti di Dio furono da lui stabiliti *ab aeterno*. Perché altrimenti sarebbe un riferire a Dio l'imperfezione e l'instabilità. Ora, poiché nell'eternità non vi è né quando, né prima, né poi, dalla sola perfezione di Dio, segue che egli non può, né ha mai potuto decretare altrimenti; in altre parole segue che Dio non ha potuto esistere prima o senza i suoi decreti. Ma, diranno essi, anche supponendo che Dio avesse creato un'altra natura delle cose o che avesse *ab aeterno* decretato altrimenti circa la natura e il suo ordine, non ne seguirebbe con ciò alcuna imperfezione in Dio. Però dire questo è come dire che Dio può mutare i suoi decreti. Poiché se Dio avesse decretato circa la natura e il suo ordine altrimenti di quel che ha fatto, cioè avesse voluto e pensato altro circa la natura, avrebbe avuto necessariamente un altro intelletto ed un'altra volontà da quelli che ha presentemente. E se è lecito attribuire a Dio un altro intelletto ed un'altra volontà senza alcun mutamento della sua essenza e della sua perfezione, perché non potrebbe egli mutare i suoi decreti circa le cose create e pur restare egualmente perfetto? Perché il suo intelletto e la sua volontà circa le cose create e il loro ordine sono sempre nello stesso rapporto con la sua essenza e perfezione nell'un caso e nell'altro. D'altra parte tutti i filosofi che io conosco s'accordano in ciò che in Dio non v'è intelletto in potenza, ma solo in atto: ora poiché il suo intelletto e la sua volontà non si distinguono dalla sua essenza, come tutti parimenti concedono, ne segue che, se Dio avesse avuto un altro intelletto in atto ed un'altra volontà, la sua essenza sarebbe anch'essa stata diversa; e quindi, se le cose fossero state da Dio prodotte altrimenti da quel che sono, il suo intelletto e la sua volontà, cioè la sua essenza, avrebbero dovuto essere altri, il che è assurdo (*Et.*, I, 33, *scol.* 2).

4. Il libro I finisce con una lunga appendice, nella quale Spinoza si applica a combattere una credenza molto diffusa e contraria alla dottrina sua della necessità universale: la dottrina cioè che Dio stesso

agisce in vista di fini. Spinoza traccia la genesi di quest'illusione dalla cecità e dall'egoismo degli uomini.

Io ho spiegato così la natura e le proprietà di Dio e cioè come egli esiste necessariamente; che è unico; che è ed agisce per la sola necessità della sua natura; che è causa libera di tutte le cose ed in qual modo; che tutte le cose sono in Dio e da lui dipendono in modo che, senza di lui, non possono né essere né essere concepite; ed infine che tutte le cose furono da Dio predeterminate non per libera volontà o per un assoluto arbitrio, ma per la natura assoluta di Dio, cioè per l'infinita sua potenza. Inoltre, dovunque ne ebbi l'occasione, cercai di eliminare i preconcetti i quali potevano impedire che venissero comprese le mie dimostrazioni: ma poiché restano ancora non pochi altri preconcetti, i quali potevano e possono anch'essi, anzi essi più degli altri, impedire agli uomini di bene afferrare la concatenazione delle cose in quel modo che io l'ho esposta, stimai bene sottoporli qui all'esame della ragione. E perché tutti i preconcetti, che qui voglio segnalare, procedono da questo solo che cioè generalmente gli uomini suppongono che le cose naturali agiscano, come essi, secondo fini, anzi hanno per certo che Dio stesso diriga le cose verso un certo fine, in quanto dicono che Dio fece tutte le cose per l'uomo e l'uomo per adorarlo; così considererò prima questo solo, cercando la causa per cui i più degli uomini si acquietano in questo preconcetto e sono naturalmente tanto inclini ad accoglierlo. Non è mia intenzione qui ricondurlo alla natura dello spirito umano. Basterà porre per principio ciò che tutti debbono riconoscere: e cioè che tutti gli uomini nascono nell'ignoranza delle cause delle cose e che tutti hanno la tendenza a cercare l'utile proprio, ciò di cui hanno ben coscienza. Da ciò segue in primo luogo che gli uomini credono di essere liberi in quanto sono consci delle loro volizioni e del loro tendere e non pensano nemmeno per sogno alle cause da cui sono disposti ad appetire ed a volere, perché le ignorano. Ne segue in secondo luogo che gli uomini agiscono in tutto in vista d'un fine, e cioè in vista dell'utile a cui tendono: onde viene che s'occupano solo sempre di sapere le cause finali delle azioni e, quando le sanno, restano soddisfatti, non avendo alcuna ragione di chiedersi altro. Ma se non possono conoscerle apprendendole da altri, non resta loro che di volgersi in se stessi e di riflettere ai fini dai quali essi sogliono essere determinati ad azioni simili; così necessariamente giudicano della mentalità di altri dalla propria. Di più poiché trovano in sé e fuori di sé non pochi mezzi, che servono loro molto a conseguire ciò che ad essi è utile, come, per esempio, gli occhi per vedere, i denti per masticare, gli animali e le erbe per nutrirsi, il sole per illuminarli, il mare per nutrire i pesci, ecc.; così avviene che vengono a considerare tutte le cose naturali come mezzi per il proprio utile. E poiché questi mezzi essi li hanno trovati, non fatti, di qui trassero argomento a credere che vi sia qualche altro che ha disposto questi mezzi per il loro uso. Infatti non hanno potuto credere, dopo d'aver considerato le cose come mezzi, di averle fatte essi medesimi; ma dovettero concludere, dai mezzi che essi sono soliti a procurarsi da sé, che vi è uno o più reggenti la natura, dotati della libertà che hanno gli uomini, che hanno procurato loro questi mezzi ed hanno fatto tutto per l'utile degli uomini. Ed anche della mentalità di questi reggenti, non avendo mai avuto a questo riguardo notizia alcuna, hanno giudicato partendo dalla propria: onde stabilirono che gli Dei dirigono tutte le cose per il bene degli uomini affine di legarli a sé ed esserne onorati: dal che avvenne che ciascuno, secondo la diversa mentalità, escogitò modi diversi di onorare Dio perché alla sua volta Dio lo prediligesse fra tutti e dirigesse la natura al servizio della sua cieca cupidigia e della sua insaziabile avarizia. Così questo preconcetto si trasformò in superstizione e gettò profonde radici negli spiriti: il che fu causa che ciascuno con grande sforzo si applicasse a comprendere e spiegare le cause finali di tutte le cose. Ma mentre cercavano di mostrare che la natura non fa niente invano (cioè che non serva agli uomini), sembrarono non aver altro scopo che di mostrare che la natura e gli Dei delirano come gli uomini. Vedete a che cosa si è giunti! Fra tante cose utili della natura dovettero trovarne anche non poche dannose, come le tempeste, i terremoti, le malattie, ecc., e per queste stabilirono che esse avvengono per l'ira degli Dei offesi dalle colpe umane verso di essi o dalle mancanze commesse nel culto: e sebbene l'esperienza ogni giorno protestasse e mostrasse con infiniti esempi che i beni e i mali cadono promiscuamente sui giusti e sugli ingiusti, non perciò ristettero dall'inveterato preconcetto: fu loro più facile infatti mettere queste cose fra le altre cose di cui ignoravano l'utilità e così restare nel presente ed innato stato d'ignoranza, anziché distruggere tutto quel sistema di pregiudizi e trovarne un altro. Onde stabilirono per principio che i disegni degli Dei trascendono infinitamente l'intelligenza umana: ciò che sarebbe bastato a tenere in perpetua ignoranza il genere umano, se la matematica, la quale si occupa non dei fini, ma delle essenze e proprietà delle figure, non avesse rivelato agli uomini un altro criterio della verità. Ed a queste si aggiunsero poi ancora altre cause (che qui è inutile enumerare), per cui fu possibile agli uomini discernere questi universali preconcetti ed avviarsi alla vera conoscenza delle cose (*Et.*, I, Append.).

Spinoza si propone in appresso di mostrare la vanità di questa concezione. Con essa si pone come più imperfetto ciò che Dio produce immediatamente (perché non è che mezzo), mentre invece è più perfetto: si nega la stessa perfezione di Dio, perché gli si attribuisce il bisogno d'un fine esterno: anche la distinzione scolastica tra il *finis indigentiae* (finalità che procede da un vero bisogno, da un'imperfezione) e il *finis assimilationis* (finalità che procede dal desiderio di comunicare se stesso, di partecipare la propria perfezione) non serve a togliere al concetto di fine il carattere d'un bisogno, d'una vera deficienza.

Inoltre questa dottrina distrugge la perfezione di Dio: perché se Dio agisce per un fine, necessariamente desidera qualche cosa che gli manca. E sebbene i teologi e i metafisici distinguono tra il *finis indigentiae* ed il *finis assimilationis*, tuttavia ammettono che Dio ha tutto fatto per sé e non per le cose da creare: perché prima della creazione non possono addurre nulla, fuori di Dio, che potesse esser fine del suo agire: quindi sono costretti a confessare che Dio era privo di quelle cose in vista delle quali stabilì dei mezzi e le desiderava, com'è evidente. Né bisogna qui passare sotto silenzio che i seguaci di questa dottrina, i quali vollero far mostra del loro talento nel metter in luce i fini delle cose, per sostenere le loro teorie hanno dovuto ricorrere ad un nuovo mezzo di argomentazione, e cioè la riduzione non all'impossibile, ma all'ignoranza; il che mostra che non vi era per essi altro miglior argomento. Se, per esempio, una pietra è caduta da un tetto sul capo di qualcuno e l'ha ucciso, essi dimostreranno nel modo seguente che la pietra è caduta per uccidere quest'uomo. Se essa infatti non è caduta a tal fine, per volontà di Dio, in che modo tante circostanze (che spesso ve ne concorrono molte) hanno potuto trovarsi per caso riunite? Forse tu risponderai: ciò è avvenuto perché spirava il vento e l'uomo passava di là. Ma essi urgeranno: perché il vento soffiava? E perché l'uomo passava di là? E se tu ancora risponderai: il vento si è levato perché il giorno prima il mare, essendo il tempo ancora calmo, aveva cominciato ad agitarsi e l'uomo era stato invitato da un amico, essi insisteranno ancora (le domande non hanno fine): perché il mare era agitato? E perché l'uomo fu invitato? E così non cesseranno di chiedere le cause delle cause, finché tu non ti rifugerai nella volontà di Dio, cioè nell'asilo dell'ignoranza. Così ancora quando vedono la struttura del corpo umano, restano attoniti e, poiché ignorano le cause di tanta complicazione, concludono che essa è stata messa insieme non per via meccanica, ma per un'arte divina, soprannaturale, la quale lo ha costituito in modo che l'una parte non offenda l'altra. Donde avviene che chi ricerca le cause vere dei miracoli e cerca di comprendere le cose naturali, come scienziato, non di meravigliarsene come uno sciocco, passi qualche volta per un eretico ed un empio e tale sia proclamato da quelli che il volgo adora come interpreti della natura e degli Dei. Perché questi sanno che, tolta l'ignoranza, è tolta anche la meraviglia, l'unico mezzo che essi hanno per ragionare e difendere la loro autorità. (*Et.*, ib.).

In terzo luogo Spinoza mostra come da quest'illusione procedono tante altre nozioni (bene, male, ordine, disordine, ecc.), che servono all'uomo ad esplicarsi la natura e che non sono se non enti immaginari, in quanto non esprimono proprietà delle cose reali, ma impressioni nostre, desideri nostri, finzioni nostre in rapporto alle cose.

Dopo esserci persuasi che tutto quello che accade, accade per essi, gli uomini dovettero giudicare che in tutte le cose ciò che vi era di più eccellente era ciò che riusciva loro utilissimo e tenere per ottime tutte quelle cose da cui erano gradevolmente affetti. Così non hanno potuto fare a meno di formarsi quelle nozioni con cui spiegano la natura delle cose e cioè il bene e il male, l'ordine e la confusione, il caldo e il freddo, il bello e il deforme; e, perché si giudicano liberi, ne sono sorte anche queste altre nozioni, come la lode e il biasimo, il peccato e il merito. Gli uomini hanno chiamato *bene* tutto ciò che conduce al benessere ed alla religione, *male* ciò che è loro contrario. E siccome coloro che non comprendono la natura delle cose non possono di esse nulla affermare, ma le immaginano soltanto e scambiano l'immaginazione per l'intelletto, così essi, ignari delle cose e di se stessi, credono fermamente che vi sia nelle cose un *ordine*. Quando infatti esse sono così disposte che, quando ce le rappresentiamo coi sensi, possiamo facilmente immaginarle e quindi ricordarle, le diciamo bene ordinate; e se è il contrario, le diciamo male ordinate o confuse. E poiché a noi sono fra tutte gradite le cose che possiamo facilmente immaginare, perciò gli uomini preferiscono l'ordine alla confusione, come se l'ordine fosse qualche cosa nella natura fuori del rapporto con la nostra immaginazione. E dicono ancora che Dio creò tutte le cose con ordine e così senza saperlo riferiscono l'immaginazione a Dio... Quanto alle altre nozioni, non sono altro che dei modi d'immaginare secondo i quali l'immaginazione è diversamente affetta e tuttavia dagli ignoranti sono considerate come i principali attributi delle cose; perché, come dicemmo, credono tutte le cose fatte per loro e chiamano la natura d'una cosa buona o cattiva, sana o guasta e corrotta secondo che essi ne sono affetti. Per esempio, se il movimento che i nervi ricevono dagli oggetti sentiti per mezzo degli occhi, è favorevole al corpo, gli oggetti che lo producono sono detti *belli*; quelli che producono un moto contrario, *deformi*. Quelli che muovono il senso per le narici sono detti odorosi o fetidi, quelli che lo muovono per la lingua son detti dolci o amari, sapidi o insipidi, ecc.; quelli che lo muovono per il tatto sono detti duri o molli, aspri o morbidi, ecc. E quelli che commovono gli orecchi si dice che producono un suono o uno strepito o un'armonia: nel che gli uomini son giunti a tale demenza da credere che anche Dio si diletti dell'armonia. Né mancano filosofi che credettero i moti celesti generare un'armonia. Le quali cose mostrano abbastanza come ciascuno giudicasse delle cose secondo le disposizioni del suo cervello o piuttosto prendesse le affezioni dell'immaginazione per realtà. Onde non è meraviglia che siano sorte fra gli uomini tante controversie e che queste abbiano poi condotto allo scetticismo (*Et.*, ib.).

In questa teoria di Spinoza dobbiamo distinguere più aspetti. In quanto è condanna dell'antropomorfismo volgare, che attribuisce a Dio finalità ed attività sul tipo umano, essa ha perfettamente ragione: i vaniloqui della teodicea volgare spiegano e giustificano l'indignazione di Spinoza. Egli ha ancora ragione quando vuole sia esclusa dalla realtà assoluta ogni finalità. Credere che Dio produca il mondo per un puro beneplacito, per un atto di volontà, che poteva anche non essere, è assurdo: perché tale volontà e il caso sono una cosa sola (*Lett.* 54). Ma credere che Dio produca il mondo in vista d'un fine è più assurdo ancora: perché è un sottoporre Dio ad una necessità esteriore, ad una specie di fato (*Et.*, I, 33, *scol.* 2). L'azione di Dio è un processo eterno che è fine a sé. «L'essere che diciamo Dio o Natura agisce con la stessa necessità con cui esiste... Come dunque non esiste in virtù d'alcun fine, così non opera per alcun fine: esso non ha alcun fine o principio dell'esistere come dell'agire» (*Et.*, IV, pref.).

Ma da questo non si deve concludere che non vi siano fini e che tutto sia perfetto anche in questo nostro mondo finito. Nel suo sdegno polemico contro le rappresentazioni superstiziose, Spinoza perde spesso di vista questa distinzione. Se tutto fosse perfetto e necessario, anche nella realtà finita, che differenza di valore vi sarebbe ancora tra chi segue la ragione e chi non la segue? Ma questo è un punto sul quale Spinoza dovrà tornare ancora più innanzi.

I. LE DEFINIZIONI

Anche il libro II comincia con un certo numero di definizioni e di assiomi diretti a preparare la concezione parallelistica e la teoria della conoscenza che sono l'argomento di questo libro.

DEF. 1. Io intendo per corpo un modo che esprime in una certa e determinata maniera l'essenza di Dio, in quanto è considerata come estensione.

La prima definizione ha per oggetto di definire il corpo: è un modo dell'attributo divino dell'estensione.

DEF. 2. Dico che appartiene all'essenza d'una cosa ciò che, quando è dato, porta con sé l'esistenza della cosa, quando non è dato, la esclude; ossia ciò senza di cui la cosa non può né essere né venir concepita e che viceversa, senza la cosa, non può né essere né venir concepita.

Definisce l'essenza: è il modo eterno che costituisce in Dio la cosa stessa. «L'essere dell'essenza non è altro che quel modo per cui le cose create sono comprese negli attributi divini» (*Cog. met.*, I, 2).

DEF. 3. Intendo per idea un concetto della mente che questa forma in quanto è cosa pensante.

Definisce l'idea: che è un modo dell'attributo divino del pensiero. Il mondo dei corpi e il mondo delle idee costituiscono due serie parallele procedenti dai due attributi, l'estensione e il pensiero: quindi anche il mondo delle idee è un mondo di veri enti, i quali rappresentano il mondo corporeo corrispondente, ma non si esauriscono in questa funzione rappresentativa, non sono semplici copie passive; sono enti aventi il loro ordine, le loro leggi, il loro valore anche indipendentemente dalla funzione rappresentativa.

DEF. 4. Per idea adeguata intendo un'idea che, in quanto è considerata in sé, senza relazione all'oggetto, ha tutte le proprietà o denominazioni intrinseche dell'idea vera.

Si cfr. *Et.*, I, ASS. 6. L'idea adeguata è l'idea vera, che riproduce fedelmente l'ideato, il momento reale (esteso) correlativo: ma la perfezione sua non dipende da questa sua fedeltà rappresentativa: dipende da ciò che essa, come ente, è veramente in noi come è in Dio, nella concatenazione delle idee divine.

DEF. 5. La durata è una continuazione indefinita dell'esistenza.

L'essenza dei modi derivati ne pone l'esistenza in Dio, ma non nel tempo. L'esistenza delle cose nel tempo è determinata dalla concatenazione naturale delle cause empiriche, la quale non è (come si è veduto) che una imperfetta apprensione umana della concatenazione divina. Quest'esistenza per il senso, necessariamente limitata e mutevole, costituisce con la sua quantità il tempo.

DEF. 6. Per realtà e perfezione intendo la stessa cosa.

L'assoluta realtà è anche l'assoluta perfezione: le cose finite in tanto partecipano della perfezione in quanto si avvicinano a quell'assoluta realtà che hanno in Dio.

DEF. 7. Per cose singolari intendo le cose che sono finite ed hanno un'esistenza determinata. Che se più individui concorrono in un'azione in modo da essere tutti insieme causa d'un effetto, sotto questo punto di vista li considero tutti come costituenti un'unica cosa singolare.

Per «cosa singolare» Spinoza intende il modo finito. Più modi possono concorrere in un'attività comune ed allora si possono considerare come un solo modo, come una cosa.

II. GLI ASSIOMI

ASS. 1. L'essenza dell'uomo non involge l'esistenza necessaria, cioè l'ordine della natura può far sì che questo o quell'uomo esista, come che non esista.

L'uomo è un modo finito, separabile da Dio, e che perciò può cadere per l'illusione del senso nelle vicissitudini dell'esistenza empirica.

ASS. 2. L'uomo pensa.

Ossia: è un modo del pensiero.

ASS. 3. I modi di pensiero come l'amore, il desiderio e tutti quegli altri che sono detti passioni dell'anima (*affectus*) non sono possibili se nello stesso individuo non vi sia l'idea della cosa amata, desiderata, ecc. Ma l'idea può sussistere anche se non vi è alcun altro modo di pensiero.

Il modo fondamentale del pensiero è la rappresentazione, l'idea: gli altri ne sono aspetti derivati.

ASS. 4. Noi sentiamo le molteplici affezioni d'un dato corpo. Ossia: l'uomo è anche un modo dell'estensione.

ASS. 5. Noi non sentiamo né percepiamo altre cose particolari fuorché corpi e modi di pensiero.

Noi siamo un corpo ed un pensiero, una coscienza, e non siamo in contatto che con altri modi dell'estensione e del pensiero.

III. IL PARALLELISMO

1. Il libro secondo si può dividere in cinque parti. Nella prima (PROP. 1-13) Spinoza svolge il suo parallelismo metafisico. Segue una serie di assiomi, lemmi e postulati, nella quale Spinoza espone, come in una digressione, la sua fisica. Quindi nelle PROP. 14-23 svolge le sue teorie antropologiche; nelle PROP. 24-36 tratta della

imperfezione del nostro conoscere e delle relative cause; nelle PROP. 37-47 tratta della possibilità della conoscenza vera e della via che ad essa conduce. Le PROP. 48-49 sono una specie di appendice che prepara il passaggio al libro terzo.

2. PROP. 1. Il pensiero è un attributo di Dio, cioè Dio è cosa pensante.

PROP. 2. L'estensione è un attributo di Dio, cioè Dio è cosa estesa.

Dai modi finiti del pensiero e dell'estensione noi ci eleviamo al concetto d'un pensiero infinito e d'un'estensione infinita, che sono i due attributi divini a noi noti. Già si è veduto come in*Et.*, I, 15, *scol.*, Spinoza difenda la sua dottrina dell'estensione in Dio. Del resto anche la dottrina comune riferisce a Dio l'onnipresenza: ora che cosa è questa se non un'estensione dinamica? Nei *Principi di filosofia cartesiana* (I, 9) Spinoza dice che l'immaterialità di Dio non deve essere intesa nel senso che tutte le perfezioni dell'estensione debbano essergli negate: l'estensione deve essere di lui negata solo in quanto può involgere un'imperfezione (e cioè come estensione sensibile e divisibile, quantità).

Il pensiero in Dio non è una facoltà libera di concepire a suo arbitrio ciò che è reale e ciò che non lo è: ma è una serie necessaria di modi ideali (pensieri), parallela alla serie necessaria dei modi reali (corpi). Il modo immediato, universale ed infinito, che procede dall'attributo del pensiero è, come si è veduto, l'idea di Dio, da cui derivano poi tutte le altre determinazioni del pensiero e che in sé tutte le comprende (PROP. 3-4).

La serie ideale dei modi del pensiero è, come già si è veduto, una serie indipendente dalla serie reale, che essa rispecchia e riproduce idealmente: è un ordine di enti che scorre parallelo all'ordine reale (PROP. 5). Questo vale anche dell'ordine reale rispetto all'ordine ideale: ognuna delle due serie è chiusa nella sua concatenazione e non dipende dall'altra. Perciò, ci dirà Spinoza più innanzi (*Et.*, III, 2), né il corpo può agire sulla mente, né la mente sul corpo.

PROP. 6. I modi di ogni attributo hanno per causa Dio solo in tanto in quanto è considerato sotto l'attributo cui i modi appartengono e non in tanto in quanto è considerato sotto un altro attributo.

PROP. 7. L'ordine e la connessione delle idee è identico all'ordine ed alla connessione delle cose.

Qui, prima d'andare innanzi bisogna rammemorarci quello che abbiamo sopra mostrato: e cioè che tutto quello, che può essere appreso da un intelletto infinito come costituente l'essenza della sostanza, appartiene ad una sostanza unica e quindi che la sostanza pensante e la sostanza estesa sono una sola e medesima sostanza compresa or sotto l'uno, or sotto l'altro attributo. Così ancora un modo esteso e l'idea di quel modo sono una sola e medesima cosa, ma espressa in due maniere: come sembrano aver intraveduto quei filosofi ebrei, i quali stabiliscono che Dio, l'intelletto di Dio e le cose da lui comprese sono una sola e medesima cosa. Per esempio un circolo esistente nella natura e l'idea del circolo esistente (che è sempre anche in Dio) sono una sola e medesima cosa, esplicata per attributi diversi; e così, sia che noi concepiamo la Natura sotto l'attributo dell'estensione, sia sotto l'attributo del pensiero, sia sotto un altro qualsivoglia, noi troveremo un solo e medesimo ordine, cioè una sola e medesima concatenazione delle cause, cioè la stessa consecuzione delle cose le une dalle altre. Né per altro ho detto che Dio è causa dell'idea d'un circolo solo in quanto è cosa pensante e del circolo solo in quanto è cosa estesa, se non perché l'essere formale dell'idea del circolo non può essere compreso se non per mezzo d'un altro modo del pensiero, come causa prossima, e questo ancora per un altro e così all'infinito: cosicché, finché noi consideriamo le cose come modi del pensiero, dobbiamo spiegare l'ordine di tutta la natura, cioè la concatenazione delle cause per mezzo del solo attributo del pensiero; e in quanto vengono considerate come modi dell'estensione, anche tutto l'ordine della natura deve essere esplicato per mezzo del solo attributo dell'estensione; e lo stesso si dica degli altri attributi (*Et.*, II, 7, *scol.*).

3. Nelle PROP. 8-9 è applicato il principio del parallelismo delle due serie e dell'autonomia della serie ideale in rapporto alla duplice esistenza dei modi, come essenze (modi infiniti) e come esistenze (modi finiti). Le essenze ideali delle cose sono contenute nell'idea di Dio (e per essa nell'*absoluta cogitatio*, nell'attributo del pensiero) come le essenze reali nell'attributo dell'estensione: l'ordine eterno della processione delle essenze formali (cioè delle essenze reali) da Dio ha per corrispondente un ordine parallelo di idee, di enti ideali eterni: sotto questo punto di vista le idee delle cose, anche se per noi non esistono in atto (cioè sembrano non esistere), in realtà fruiscono sempre dall'esistenza eterna in Dio. Quando poi le cose ricevono anche l'esistenza empirica (quando cioè l'ordine eterno è trasformato dall'*imaginatio* nell'ordine empirico), abbiamo anche qui un costante parallelismo delle cose e delle idee: ogni cosa esistente come modo finito ha per corrispondente un'idea che esiste soltanto come modo ideale finito, o (secondo l'espressione di Spinoza) che esiste in Dio, in quanto Dio è considerato come affetto solo dalla detta idea. E così è parallela sotto i due aspetti anche la concatenazione causale finita: all'ordine, per cui le cose finite sembrano generarsi causalmente, corrisponde un ordine della generazione delle idee, per cui ogni idea di cosa finita ha per causa un'altra idea finita (cioè *Deum, quatenus alia rei singularis actu existentis idea affectus consideratur*) e così all'infinito.

PROP. 8. Le idee delle cose singolari, o modi, non esistenti devono essere comprese nell'idea infinita di Dio alla stessa maniera che le essenze formali, o modi, sono contenute negli attributi di Dio.

Corollario. Da ciò segue che fintanto le cose singolari non esistono se non in quanto sono comprese negli attributi di Dio, il loro essere obbiettivo[2], cioè le loro idee, non esistono se non in

---

[2] Spinoza si vale qui, nella sua terminologia, della contrapposizione scolastica: *formale-obiectivum*, che corrisponde, nel linguaggio nostro, alla contrapposizione:

quanto esiste l'infinita idea di Dio: e quando le cose singolari son dette esistere non solo in quanto sono comprese negli attributi di Dio, ma anche in quanto son dette durare, le loro idee involgono altresì l'esistenza per la quale son dette durare.

PROP. 9. L'idea d'una cosa singolare esistente in atto ha per causa Dio non in quanto è infinito, ma in quanto lo si considera come affetto dall'idea d'un'altra cosa esistente in atto, idea della quale Dio è egualmente causa in quanto è affetto da una terza e così all'infinito.

4. Le PROP. 10-13 applicano il parallelismo all'uomo.

PROP. 10. All'essenza dell'uomo non appartiene la sostanza: ossia l'essere formale dell'uomo non è costituito da una sostanza.

L'uomo è modo, non sostanza: perciò è soggetto all'esistenza separata. Tutti riconoscono, dice Spinoza, nello scolio al corollario della PROP. 10, che le cose non possono essere senza Dio: ma non sono poi egualmente coerenti nel riconoscere che Dio deve perciò essere riconosciuto come la vera sostanza delle cose. Bisogna pertanto distinguere tra l'essenza e la sostanza. Le essenze sono modi, sono i modi infiniti ed eterni, *res fixae et aeternae*, costituenti l'essere immutabile delle cose, che nell'esistenza empirica – come modi finiti – sembrano sorgere e perire: quindi non sono sostanze, sono la sostanza determinata in un particolare modo: la sostanza è una sola.

L'anima umana nella sua esistenza empirica non è che l'idea di una corrispondente realtà empirica, il corpo.

PROP. 13. L'oggetto dell'idea costituente la mente umana è il corpo, cioè un certo modo dell'estensione esistente in atto e niente altro.

L'anima umana nella sua esistenza empirica è sempre una parte di Dio; ma s'identifica con Dio non nella sua assolutezza, bensì con Dio *quatenus hanc vel illam habet ideam*. E quando l'anima conosce

---

oggettivo-soggettivo.

qualche cosa, s'identifica con Dio in quanto Dio, oltre all'idea dell'anima, ha l'idea di quell'altra cosa: ma poiché Dio non è solo questa o quella idea, bensì la totalità infinita che in sé comprende tutto il sistema delle idee, così quella conoscenza limitata dall'anima è necessariamente una conoscenza inadeguata ed imperfetta.

Da ciò segue che la mente umana è una parte dell'infinito intelletto di Dio: perciò quando diciamo che la mente umana percepisce questo o quello, non diciamo altro se non che Dio – non in quanto infinito, ma in quanto si esplica per la natura della mente umana, ossia in quanto costituisce l'essenza della mente umana – ha questa o quella idea; e quando diciamo che Dio ha questa o quella idea non solo in quanto costituisce la natura della mente umana, ma in quanto insieme con la mente umana ha anche l'idea d'un'altra cosa, allora diciamo che la mente umana apprende una cosa parzialmente o inadeguatamente (*Et.*, II, 11, *scol.*).

L'anima (*mens*) non è così che l'aspetto cosciente delle affezioni del corpo; la quale può riflettere in sé le altre cose appunto in quanto nei processi corporei confluiscono, insieme con le attività proprie del corpo, anche le attività delle cose che entrano con esso in rapporto. Da questa concezione, che fa quasi dell'anima l'ombra cosciente del corpo, nasce talora alla psicologia di Spinoza un leggero colore materialistico. Ma bisogna ricordare che i due aspetti sono, sebbene paralleli, indipendenti ed equivalenti. D'altronde nella teoria della conoscenza e nel processo della liberazione l'aspetto spirituale riprende i suoi diritti e l'aspetto corporeo è lasciato quasi nell'ombra. Il parallelismo si estende a tutta la natura: tutto perciò, sebbene in diverso grado, è animato e vivente.

Da ciò che precede noi non conosciamo solo che la mente umana è unita al corpo, ma anche che cosa dobbiamo intendere per unione della mente e del corpo. Però nessuno potrà comprendere adeguatamente cioè distintamente questa unione se prima non conosca adeguatamente la natura del nostro corpo. Poiché ciò che abbiamo finora detto ha valore universale e si riferisce egualmente all'uomo come alle altre cose, le quali sono tutte animate, benché in grado diverso. Perché di ogni cosa vi è necessariamente in Dio un'idea, della quale Dio è causa, come vi è l'idea del corpo umano[3]: e perciò ciò che abbiamo detto dell'idea del corpo umano deve necessariamente dirsi dell'idea di qualsivoglia cosa. Però non possiamo negare che le idee differiscono tra sé come i rispettivi oggetti e che l'una è più eccellente dell'altra e contiene in sé più di realtà secondo che l'oggetto dell'una è più eccellente dell'oggetto dell'altra e contiene in sé più di realtà: epperò a determinare in che la mente umana differisca dalle altre e sia più eccellente ci bisogna conoscere la natura del suo oggetto, cioè del corpo umano. Ma io non posso qui, né è necessario, addentrarmi in questa spiegazione. Dico solo genericamente questo che quanto più un corpo è atto ad agire e patire molte cose ad un tempo, tanto più la sua mente è atta ad apprendere simultaneamente molte cose; e quanto più le azioni d'un corpo dipendono da esso solo e quanto meno gli altri corpi concorrono con esso nell'agire, tanto più la sua mente è atta a conoscere distintamente (*Et.*, II, 13, *scol.*).

I modi estesi più semplici si connettono fra di loro in sistemi complessi di vario grado: i corpi. Ogni mutamento che avviene in questa serie è sempre determinato da altre cause corporee. Parallelo al mondo degli estesi è il mondo dei pensieri, che si connettono anch'essi in sistemi complessi: l'anima nostra è un sistema d'idee perfettamente corrispondente al nostro sistema corporeo. Essa rispecchia in sé il corpo e la serie dei suoi mutamenti: ma nello stesso tempo rispecchia anche se stessa, ha coscienza del suo essere: questa coscienza riflessa costituisce l'*idea mentis*, di cui Spinoza ci parlerà più innanzi. E come il nostro corpo è connesso col resto dei corpi, così la coscienza nostra è connessa, per la conoscenza, con la coscienza che di sé ha il mondo: la perfezione di questa conoscenza è correlativa

---

[3] Il contesto esige evidentemente la lezione dell'ed. orig. «*idea*» tolta dall'antica traduzione olandese.

alla perfezione del corpo. Anche la serie dei mutamenti che avvengono nella serie spirituale è una serie chiusa: la conoscenza non è un effetto di azioni corporee e la verità sua non dipende dalla corrispondenza con l'oggetto, ma procede dalla perfezione sua intrinseca come atto spirituale. Quindi né il corpo agisce sullo spirito, né lo spirito sul corpo: tutte le attività corporee sono l'effetto di altre attività corporee antecedenti. Spinoza difende qui il paradosso del parallelismo: e cioè che tutti gli atti, per cui, per esempio, un pittore dipinge o un poeta scrive, hanno il loro antecedente in altre attività fisiche del corpo, non nella attività spirituale.

Sebbene le cose stiano, senza dubbio, a questo modo, credo tuttavia che, a meno di provarlo con l'esperienza, gli uomini difficilmente s'indurranno ad esaminare questo punto senza prevenzioni: tanto fermamente sono persuasi che il corpo ora si muove, ora s'arresta al solo comando dell'anima e fa moltissime cose che dipendono dalla sola volontà e capacità dell'anima. Ma nessuno finora ha determinato che cosa possa il corpo, nessuno finora ha potuto dall'esperienza apprendere che cosa possa fare il corpo per le sole leggi della natura considerata soltanto come corporea e che cosa non possa a meno di essere determinato dall'anima. Perché nessuno finora conobbe così bene la costituzione del corpo da poter spiegare tutte le sue funzioni: per tacere delle cose che si osservano negli animali e che sorpassano di gran lunga l'industria umana e delle cose che compiono i sonnambuli nel sonno e che non oserebbero fare nella veglia; il che mostra abbastanza che il corpo può, per le sole leggi della sua natura, molte cose le quali riempiono l'anima di meraviglia. Nessuno inoltre sa dire in qual modo e per quali mezzi l'anima muove il corpo, né quanti gradi di movimenti possa imprimergli e con quale velocità possa muoverlo. Onde segue che gli uomini quando dicono che questa o quella azione del corpo viene dall'anima, la quale ha dominio sul corpo, non sanno ciò che dicono e non fanno che confessare in un linguaggio specioso che – a parte la meraviglia – essi ignorano la vera causa di quell'azione (*Et.*, III, 2, *scol.*).

Sebbene la teoria del parallelismo, rigorosamente formulata, ricorra per la prima volta in Spinoza, essa ha tuttavia i suoi antecedenti in analoghe dottrine di qualche filosofo ebreo medievale e nel dualismo cartesiano.

IV. LA FISICA

1. Segue ora una breve digressione sulle teorie fisiche. Spinoza non ci ha dato un'esposizione completa della sua fisica: bisogna completare la breve esposizione dell'idea con le *Lettere*, il *Breve trattato* e, ove occorra, con la fisica cartesiana, alla quale egli in principio aderisce.

L'estensione è per Spinoza un attributo divino: quindi non è una cosa passiva ed inerte che riceve da Dio il movimento: il movimento è una sua proprietà costitutiva ed è ciò che caratterizza e distingue in essa i corpi. Questa è la principale differenza del concetto spinozistico della materia da quello di Cartesio. Le sole modificazioni che in essa avvengono sono il movimento e il riposo: i corpi si distinguono appunto per il diverso ritmo dei movimenti che li costituiscono. Le altre qualità sensibili sono, come per Cartesio, apparenze di movimenti (*Lett.* 6): esse appartengono alla serie cosciente e sono il correlativo cosciente di certi movimenti. Ogni movimento è condizionato da altri movimenti: ogni combinazione di movimenti dà origine ad un nuovo movimento, che unisce in sé le nature diverse degli elementi componenti.

2. Quando più elementi corporei sono fra di loro collegati in modo da mantenere l'unità del ritmo dei movimenti componenti, in modo che la forma della composizione loro persista, pur mutando gli elementi, abbiamo ciò che si dice un individuo fisico. Più individui di grado inferiore compongono un individuo di grado superiore: anzi tutta la natura non è che un grande individuo, le cui parti variano indefinitamente, restando essa una e identica nel suo complesso.

Il corpo umano è un individuo composto, i cui elementi sono in un continuo scambio d'azione col mondo esterno: quest'azione dà sempre origine ad un processo, nel quale confluiscono l'azione del nostro corpo è quella del corpo esterno. Così quando i corpi esterni per mezzo dei fluidi del nostro corpo (gli spiriti vitali) agiscono sul cervello, essi vi imprimono una traccia che ha una certa somiglianza con i corpi stessi. Con ciò Spinoza non vuole, ben s'intende, spiegare fisiologicamente la sensazione: ma vuol mostrare come anche sotto l'aspetto fisico l'azione d'un altro corpo sul nostro sia sempre anche una partecipazione del nostro all'essere di quel corpo, una certa presenza del corpo estraneo nel nostro.

V. LA COSTITUZIONE PSICOLOGICA DELL'UOMO

1. Il corpo umano è un aggregato di unità fisiche, atto ad entrare in molteplici rapporti con i corpi esterni: così l'anima (*mens*) non è un'unità semplice, ma un aggregato organico d'idee, atto ad accogliere in sé altre idee, cioè ad avere molteplici rappresentazioni dei corpi (PROP. 14-15). In ciascuno di questi contatti, come dal rapporto del corpo con gli altri corpi risulta un movimento che deriva dall'uno e dagli altri, così l'idea corrispondente ci rappresenta, lo stato del nostro corpo e quello degli altri corpi con cui è in rapporto: perciò «le idee che abbiamo dei corpi esterni esprimono più la natura del nostro corpo che quella dei corpi esterni» (*Et.*, II, 16, *dim.*).

PROP. 15. L'idea che costituisce l'essere formale della mente umana non è semplice, ma composta di molte idee.

PROP. 16. L'idea di qualunque affezione del corpo umano da parte dei corpi esterni deve involgere la natura del corpo umano e nello stesso tempo quella del corpo esterno.

Nelle due proposizioni successive Spinoza passa a spiegare la memoria e l'associazione delle idee. La spiegazione che egli ne dà è fisiologica: la persistenza delle immagini è messa in rapporto con la persistenza delle impressioni materiali nel corpo. Ma questo non implica una dipendenza: è un semplice richiamo a ciò che avviene nella serie corporea parallela. Siccome l'idea o immagine del corpo esterno non è tanto un rispecchiamento di questo, quanto uno stato nostro, nel quale concorre anche la natura del corpo esterno, così non è affatto necessario che questo esista realmente perché noi ne abbiamo l'immagine: basta che l'azione sua, lo stato prodotto in noi, persista e non sia tolta da un'altra azione contraria. L'azione sua, cioè lo stato corrispondente in noi tende, in altre parole, a persistere indefinitamente; perché si cancelli, è necessario intervenga in noi un'altra azione, un altro stato. Quando in noi, scomparso l'oggetto, persiste l'immagine illusoria, l'errore non sta nell'avere l'immagine dell'oggetto, ma nel non avere l'immagine di ciò che ha sospinto l'oggetto fuori della cerchia dell'esistenza reale: questa immagine darebbe alla prima il suo vero carattere di semplice rappresentazione memorativa. Che anzi il conservare l'immagine degli oggetti non più presenti, conoscendone la non esistenza, è un atto di potenza della mente e come un tentativo di tenere presente anche ciò che cade fuori della limitata sfera dell'esperienza immediata. Queste immagini sono certo meno vive di quelle delle cose presenti: ma in sé sono della stessa natura di queste e non vi è alcuna essenziale differenza tra l'immagine attuale e quella di cose puramente ricordate o immaginate.

Inoltre così comprendiamo chiaramente quale differenza vi sia, per esempio, tra l'idea di Pietro, che costituisce l'essenza della mente sua, e l'idea dello stesso Pietro che è in un altro uomo, per esempio, in Paolo. Quella esprime direttamente l'essenza del corpo di Pietro, né involge l'esistenza se non fino a quando Pietro esiste: questa invece esprime più la costituzione del corpo di Paolo che la natura di Pietro; e perciò finché permane quella data costituzione del corpo di Paolo, la mente di Paolo, sebbene Pietro non esista, lo contemplerà come se fosse ancora presente. Per ritenere il linguaggio comune chiameremo le affezioni del corpo umano, le cui idee ci rappresentano le cose esterne come presenti, immagini delle cose, sebbene non riproducano punto la figura delle cose. E quando la mente contempla i corpi in questa maniera, diremo che essa immagina. E qui, per cominciar a indicare che cosa è l'errore, vorrei far notare che le immaginazioni della mente in sé considerate non contengono errore: cioè che la mente, in quanto immagina, non erra; ma solo erra in quanto è considerata priva di quell'idea, la quale esclude l'esistenza di quelle cose che essa immagina come presenti. Perché se la mente, quando s'immagina le cose non esistenti come presenti sapesse nello stesso tempo che le cose in realtà non esistono, essa attribuirebbe certo questa potenza d'immaginare ad una virtù della sua natura, non ad un difetto, specialmente se questa facoltà d'immaginare dipendesse dalla sua sola natura, cioè se fosse libera (*Et.*, II, 17, *scol.*).

Anche la spiegazione che Spinoza dà dell'associazione è in apparenza fisiologica: laddove l'intelletto collega le idee secondo la loro natura in un ordine obbiettivo uguale per tutti, l'associazione immaginativa le collega secondo le affezioni del corpo: ossia secondo quei rapporti soggettivi che si stabiliscono fra le rappresentazioni per effetto della causalità empirica e che riproducono i rapporti accidentali che la causalità empirica stabilisce fra gli elementi del nostro corpo e gli altri corpi; che cioè riproducono i rapporti accidentali che si stabiliscono fra le nostre affezioni corporee.

Di qui chiaramente intendiamo che cosa sia la memoria. Essa non è altro che una certa concatenazione d'idee implicanti la natura delle cose esteriori al corpo, la quale concatenazione avviene nella mente secondo l'ordine e la concatenazione delle affezioni del corpo umano. Dico in primo luogo che è soltanto una concatenazione di quelle idee che implicano la natura delle cose esteriori al corpo, non di quelle idee che esplicano la natura delle cose stesse; perché sono in realtà idee delle affezioni del corpo umano che esprimono tanto la natura di questo come la natura dei corpi esterni. Dico in secondo luogo che questa concatenazione avviene secondo l'ordine e la concatenazione delle affezioni del corpo umano per distinguerla da quella concatenazione d'idee che si fa secondo l'ordine dell'intelletto, che dispone le cose secondo la loro dipendenza dalle prime cause e che è uguale in tutti gli uomini. E di qui comprendiamo chiaramente ancora perché la mente passa rapidamente dal pensiero d'una cosa al pensiero d'un'altra, che non ha con la prima somiglianza alcuna; come, per esempio, dal pensare la parola «pomo» un latino passerà subito al pensiero del frutto che non ha con quel suono articolato nessuna somiglianza, né alcunché di comune, se non che il corpo dello stesso uomo ne fu più volte affetto; e cioè lo stesso uomo udì la parola «pomo» mentre vedeva il frutto; e così ciascuno passerà dall'uno all'altro pensiero secondo che l'abitudine avrà ordinato le impressioni delle cose nel corpo. Un soldato, per esempio, vedendo nella sabbia le tracce d'un cavallo, passerà dal pensiero del cavallo al pensiero del cavaliere, di qui al pensiero della guerra, ecc. Invece un contadino dal pensiero del cavallo passerà al pensiero dell'aratro, del campo, ecc.; e così ciascuno, secondo che fu abituato ad unire e concatenare in questo o quel modo le immagini delle cose, passerà da un pensiero a questo o a quell'altro (*Et.*, II, 18, *scol.*).

Siccome l'anima ci rappresenta il corpo corrispondente non in sé, come è nella realtà assoluta, ma solo come è nell'esperienza finita, nei suoi rapporti causali accidentali con gli altri corpi, dai quali la sua esistenza è determinata, così non si può dire che essa conosca il corpo nella sua intrinseca natura, ma soltanto nelle sue affezioni; nelle quali, come sappiamo, concorre non solo la natura del corpo che ne è il soggetto, ma anche quella dei corpi agenti su di esso (PROP. 19).

2. Le PROP. 20-23 ci danno la teoria dell'*idea mentis*: teoria necessaria a Spinoza per spiegare la coscienza riflessa. Ogni modo ha un lato reale ed un lato ideale; ma questo, in quanto è anch'esso un che di reale, deve avere il suo lato ideale, la *cogitatio* della *cogitatio*. Vale a dire l'idea deve essere la coscienza dell'affezione corporea e di se stessa (*idea mentis*): l'*idea mentis* non è che la *mens* in quanto ha coscienza di sé: «*Mentis idea et ipsa mens una eademque est res*» (PROP. 20-22). Nella PROP. 23 Spinoza stabilisce per la *mens* ciò che ha detto sopra (PROP. 19) rispetto al corpo. Anche la *idea mentis*, in quanto è la coscienza che la mente ha di se stessa e in quanto la mente non coglie la natura del corpo se non nelle sue affezioni, non è una vera e propria coscienza che la mente abbia della sua natura, ma è soltanto la coscienza delle sue proprie affezioni.

VI. LA CONOSCENZA IMPERFETTA

1. Le proposizioni 24-36 trattano ora dell'imperfezione della nostra conoscenza, la quale non è mai una conoscenza adeguata, cioè una conoscenza di sé e delle cose come sono in Dio, ma una conoscenza parziale che considera le cose soltanto in quei rapporti accidentali che sono le loro affezioni. Il nostro corpo è un complesso organico d'individui relativamente indipendenti: ogni affezione corporea (cui corrisponde un'affezione spirituale, un'idea) è un'affezione d'una parte del corpo che si riflette poi su tutto il corpo. Ora la conoscenza delle affezioni delle parti del nostro corpo è una conoscenza che apprende queste parti solo nelle modificazioni loro da parte delle cause esterne, quindi una conoscenza di queste parti unitamente alle cause empiriche che le modificano: perciò una conoscenza che non apprende perfettamente né il corpo, né le cause agenti su di esso, in quanto in essa sono confuse e la parziale conoscenza del nostro corpo e la parziale conoscenza delle cause esterne (PROP. 24-28).

PROP. 19. L'anima umana non conosce il corpo umano in se stesso e non sa che esiste, se non per le idee delle affezioni onde il corpo è affetto.

PROP. 25. L'idea d'un'affezione qualunque del corpo umano non involge la conoscenza adeguata del corpo esterno.

PROP. 27. L'idea d'un'affezione qualunque del corpo umano non involge la conoscenza adeguata dello stesso corpo umano.

Lo stesso deve dirsi quanto alla conoscenza che l'anima ha di se stessa (PROP. 29).

Da ciò segue che la mente umana tutte le volte che apprende le cose secondo l'ordine comune della natura non ha né di sé, né del suo proprio corpo, né dei corpi esterni una conoscenza adeguata, ma solo una conoscenza mutila e confusa. La mente infatti non conosce se stessa quando apprende le affezioni del corpo, non apprende il suo corpo se non per mezzo delle idee delle affezioni del corpo ed è anche solo per mezzo di queste che percepisce i corpi esterni: perciò in quanto essa ha queste idee delle affezioni del corpo, essa non ha una conoscenza adeguata né di se stessa, né del suo corpo, né dei corpi esterni, ma soltanto una conoscenza mutila e confusa (*Et.*, II, 29, *scol.*).

Questa conoscenza, per la quale la mente nostra vede sé, il proprio corpo e le cose esterne solo nelle affezioni proprie, è da Spinoza detta *imaginatio*: che è in fondo la conoscenza sensibile ordinaria, quella che altrove chiama la conoscenza di primo grado. «Quando la mente umana contempla i corpi esterni per le idee delle affezioni del suo corpo, allora diciamo che essa immagina» (*Et.*, II, 26, *coroll.*, *dim.*).

2. Nelle due proposizioni seguenti (PROP. 30-31) Spinoza mostra che questa conoscenza inadeguata è appunto la causa per la quale le cose ci appaiono nell'esistenza temporale come mutabili e contingenti. Ogni modo, in quanto è in Dio, è per sé eterno ed esiste necessariamente: quando invece il modo, in quanto separabile, appare a sé come un essere singolo ed ignora la sua vera natura e la sua unità con le cose in Dio (cioè, secondo il linguaggio di Spinoza, è in Dio in quanto Dio è considerato come affetto dalla rappresentazione particolare di questo o di quell'essere), allora esso identifica sé con certi momenti dell'essere suo, dipendenti da determinate cause; perciò trasforma sé in un essere dall'esistenza limitata ed incerta, contingente e corruttibile; e lo stesso fa delle altre cose.

3. Nelle PROP. 32-36 Spinoza tratta della causa di questa imperfezione del conoscere e ci dà la sua teoria dell'errore.

PROP. 32. Tutte le idee, in quanto si riferiscono a Dio, sono vere.

PROP. 33. Non vi è nelle idee nulla di positivo per cui sian dette false.

PROP. 34. Ogni idea che è in noi assoluta, cioè adeguata e perfetta, è vera.

PROP. 35. La falsità consiste nella privazione della conoscenza che implicano le idee inadeguate, cioè mutile e confuse.

Alla teoria dell'errore si è già accennato nel libro I (V, 3). Tutto in Dio è vero: tutte le idee sono vere in quanto si riferiscono a Dio nella sua realtà assoluta (e non solo a Dio come esistente limitatamente nella mente umana) perché allora costituiscono un ordine in sé perfetto, parallelo e rispondente all'ordine delle cose reali. Onde se, anche nella nostra condizione presente, vi può essere in noi qualche idea o concatenazione di idee, che è così come è in Dio, essa è vera. L'errore non è nulla di positivo: non è che una privazione ed una limitazione dovuta all'impotenza del senso, che apprende una realtà monca e fa di essa la totalità. Spinoza ce ne dà due esempi, tra i quali quello dell'illusione della libertà.

Gli uomini errano in quanto si credono liberi: e quest'opinione consiste in ciò solo che sono consci delle loro azioni ed ignari delle cause che le determinano. Questa è adunque la loro idea della libertà, che non conoscono alcuna causa delle proprie azioni. Perché quello che essi dicono e cioè che le azioni umane dipendono dalla volontà, sono parole a cui non annettono alcun senso. Poiché tutti ignorano che cosa sia la volontà ed in che modo muova il corpo: quelli che hanno più alte pretese e fantasticano d'una sede o d'una dimora dell'anima, non destano che riso e sprezzo. Così quando noi guardiamo il sole, immaginiamo che sia distante da noi circa duecento piedi: e l'errore non consiste qui in questa sola immaginazione sensibile, ma in ciò, che mentre ci formiamo quest'immagine, ignoriamo la vera sua distanza e la causa di questa illusione del senso. Perché sebbene in appresso conosciamo che dista da noi più di seicento diametri terrestri, non lasceremo per questo di rappresentarcelo coi sensi come vicino a noi; ed invero noi non ci rappresentiamo il sole così vicino perché ignoriamo la vera sua distanza, ma perché l'affezione del nostro corpo involge l'essenza del sole unicamente in quanto il nostro corpo è affetto dallo stesso (*Et.*, II, 35, *scol.*).

Anche il sistema delle nostre idee imperfette non è tuttavia un caos sconnesso: in quanto l'imperfezione loro è solo una deficienza, ciò che hanno di vero e di positivo procede da Dio con la stessa necessità con cui ne procede il sistema delle idee adeguate: il che fa sì che anch'esse hanno una concatenazione empirica necessaria, che è un riflesso della concatenazione divina (PROP. 36).

VII. LA POSSIBILITÀ DELLA CONOSCENZA VERA

Nelle PROP. 37-47 Spinoza tratta della conoscenza vera e della sua possibilità nell'uomo. Se tutte le idee fossero tali da poter essere isolate dalla concatenazione divina e perciò esser rese mutile e confuse, non vi sarebbe per noi speranza di salute: donde avrebbe inizio per noi la conoscenza della verità? Ma vi sono idee tali che nemmeno la nostra radicale imperfezione può trasformare in idee inadeguate e queste sono le idee che non possono venir ristrette ad un'essenza particolare e perciò non possono venir isolate dalla concatenazione divina: le idee degli attributi e della sostanza divina, che sono il fondamento di tutte le idee particolari.

PROP. 38. Quello che è comune a tutte le cose e si trova in maniera uguale nella parte e nel tutto non può venir concepito che in modo adeguato.

Dimostrazione. Sia A qualche cosa che è comune a tutti i corpi e che si trovi egualmente nel tutto e nella parte d'un corpo qualunque. Io dico che A non può essere concepito che adeguatamente. Infatti l'idea sua sarà necessariamente adeguata in Dio, sia in quanto Dio ha l'idea del corpo umano, sia in quanto ha le idee delle affezioni del corpo, le quali involgono parzialmente tanto la natura del corpo umano quanto quella dei corpi esterni: cioè quest'idea sarà necessariamente adeguata in Dio sia in quanto costituisce la mente umana, sia in quanto ha idee che sono nella mente umana; pertanto la mente percepisce necessariamente A in modo adeguato e ciò sia in quanto percepisce sé, sia in quanto percepisce il suo corpo o qualunque corpo esterno; né A può essere concepito in altro modo. Q.E.D.

Spinoza parla di queste idee comuni, come se fossero indeterminatamente molte (PROP. 38, *coroll*.): ma in realtà si riducono alle idee di Dio e dei suoi attributi. Anche qui Spinoza, fedele al suo parallelismo, vede anzitutto queste idee comuni sotto il loro aspetto fisico: se vi sono idee comuni a tutte le idee delle essenze singole, vi devono essere realtà fisiche comuni a tutti gli esseri fisici particolari: sono queste realtà fisiche universali che, sotto l'aspetto spirituale, costituiscono le idee universali (PROP. 39). Queste idee universali sono le vere idee innate, *notiones communes*: esse sono idee di entità universali sì, ma individuali e concrete e perciò sono ben da distinguersi dalle idee generali, astratte (le *notiones secundae*), le quali non sono che rappresentazioni generiche confuse.

Questi termini [i termini cosiddetti trascendentali della scolastica, come essere, cosa, qualche cosa, ecc.] nascono da ciò che il corpo umano, essendo limitato, è capace di formare distintamente in se stesso solo un certo numero d'immagini ad un tempo: se questo numero è sorpassato, queste immagini cominciano a confondersi; e se il numero delle immagini distinte che il corpo è capace di formare in se stesso ad un tempo, è sorpassato di gran lunga, esse si confondono interamente fra loro. Così essendo, è evidente che la mente umana potrà immaginare distintamente ad un tempo tanti corpi quante sono le immagini che possono simultaneamente formarsi nel suo corpo. Ma appena le immagini nel corpo si confondono del tutto, anche la mente immaginerà senza distinzione tutti i corpi confusamente e li abbraccerà in certo modo sotto un unico predicato, dell'ente, della cosa, ecc. Questo può anche derivare da ciò che non sempre le immagini hanno la stessa forza e da altre cause simili, che qui non è necessario esplicare. Tutte infatti riescono a ciò che questi termini significano delle idee in sommo grado, confuse. Da cause simili sono nate anche quelle nozioni che si chiamano *universali*, come uomo, cavallo, cane, ecc.; in quanto nel corpo umano si sono formate ad un tempo tante immagini, per esempio, di uomini, che superano la potenza immaginativa, non, del tutto invero, ma abbastanza perché la mente non possa rappresentarci né le piccole differenze dei singoli (e cioè il colore di ciascuno, la grandezza, ecc.), né il loro numero determinato e si rappresenti distintamente soltanto ciò in cui tutti coincidono, in quanto affettano il corpo; perché questo elemento comune è quello che ha impressionato più vivamente il corpo, ritrovandosi in tutti gli esseri singoli; ed è questo elemento che la mente dice «uomo», predicandolo degli infiniti esseri singoli. Ma bisogna notare che queste nozioni non sono formate da tutti alla stessa maniera; esse variano in ciascuno secondo la cosa da cui il corpo è stato più spesso affetto e che la mente si rappresenta e ricorda più facilmente. Quelli, per esempio, che hanno più spesso con meraviglia considerato la statura degli uomini intenderanno sotto il nome di uomo un animale dalla statura diritta; coloro invece che sono abituati a considerare altro si formeranno degli uomini un'altra immagine comune e cioè diranno l'uomo essere un animale che ride, un bipede implume, un animale razionale; e così per gli altri oggetti ciascuno si formerà, secondo la disposizione del suo corpo, diverse immagini generali delle cose. Onde non è meraviglia che tra i filosofi, i quali vollero spiegare la natura per mezzo delle sole immagini delle cose, siano sorte tante controversie (*Et.*, II, 40, *scol.* 1).

Le idee innate, che sono sempre necessariamente vere, diventano poi l'origine di altre idee vere.

PROP. 40. Tutte le idee che conseguono nella mente da idee, che sono in essa adeguate, sono anch'esse adeguate.

Il passaggio alla conoscenza adeguata della realtà ha luogo così per un grado intermedio: la conoscenza adeguata dei principi universali. Quindi si hanno tre gradi nella conoscenza. Il primo è dato dalla conoscenza inadeguata, dall'*imaginatio* (che Spinoza distingue ancora in conoscenza derivante dall'esperienza e dalla tradizione). Il secondo è la conoscenza dei principi universali, che contengono ancora solo in potenza, in astratto, la conoscenza adeguata della realtà. Il terzo è la conoscenza adeguata immediata, intuitiva.

Da tutto ciò che si è detto appare chiaramente che le nostre rappresentazioni e le nostre nozioni generali derivano: 1. dalle cose singole che il senso ci rappresenta in modo mutilo, confuso e senza ordine in rapporto all'intelletto; perciò ho solitamente chiamato queste rappresentazioni conoscenze per esperienza vaga; 2. dai segni, per esempio, da ciò che, avendo udito o letto certe parole, ci ricordiamo delle cose e ce ne formiamo certe idee simili a quelle che ci dà il senso. Io chiamerò l'uno e l'altro modo di conoscere d'ora innanzi cognizione di primo genere, opinione o immaginazione; 3. Infine da ciò che noi abbiamo delle nozioni comuni e delle idee adeguate delle proprietà delle cose: io chiamerò questo modo di conoscere ragione o conoscenza di secondo genere. Oltre questi due generi di conoscenza ve n'è ancora un terzo, come lo mostrerò in seguito, che diremo scienza intuitiva. E questo genere di conoscenza procede dall'idea adeguata dell'essenza formale di certi attributi di Dio alla conoscenza adeguata dell'essenza delle cose. Spiegherò tutto questo con un solo esempio. Dati, per esempio, tre numeri, se ne può ottenere un quarto che stia al terzo, come il secondo al primo. Dei mercanti non esiteranno a moltiplicare il secondo per il terzo ed a dividere il prodotto per il primo; o perché non hanno ancora dimenticato ciò che hanno imparato dai loro maestri senza alcuna dimostrazione o perché spesso hanno esperimentato questo procedimento su numeri molto semplici o per forza della dimostrazione della proposizione 19 del libro VII d'Euclide, cioè per la proprietà comune dei numeri proporzionali. Ma per i numeri più semplici niente di tutto ciò è necessario. Dati, per esempio, i numeri 1, 2, 3 non vi è alcuno che non veda che il quarto proporzionale è 6 e questo molto più chiaramente, perché dal rapporto stesso, che noi per un atto di intuizione vediamo avere il primo col secondo, concludiamo senz'altro il quarto (*Et.*, II, 40, *scol.* 2).

2. La conoscenza vera introduce anche nell'anima la certezza della verità, quel senso di evidenza che nella scuola cartesiana era considerato come il criterio infallibile della verità. E questo non perché si accorda con il suo oggetto (l'ideato), ma perché è una realtà intrinsecamente perfetta, laddove l'idea falsa è, anche come idea, una realtà mutila. L'evidenza è la coscienza che il vero conoscere ha di se

stesso. La falsa certezza che può talora accompagnare l'errore non può essere confusa con l'evidenza, perché non è che assenza di riflessione e di critica.

PROP. 43. Chi ha un'idea vera sa nello stesso tempo di avere un'idea vera né può dubitare della verità della cosa.

Nessuno che ha un'idea vera ignora che l'idea vera involge la più alta certezza: aver un'idea vera non significa infatti altro se non conoscere una cosa perfettamente o il meglio possibile; né alcuno potrà dubitare di questo a meno di credere che l'idea sia qualche cosa di muto come una pittura su d'una tavola e non un modo del pensiero, cioè l'atto medesimo del conoscere. Io chiedo infatti: chi può sapere che conosce una cosa, se non conosce prima la cosa? Cioè a dire, chi può sapere di aver la certezza su qualche cosa, se prima non ha questa certezza? D'altra parte che cosa può esservi di più evidente e di più certo dell'idea vera come norma della verità? Come la luce fa conoscere sé e fa conoscere le tenebre, così la verità è norma di sé e del falso (*Et.*, II, 43, *scol.*).

Abbiamo mostrato che la falsità consiste nella sola privazione che involgono le idee mutile e confuse. Perciò l'idea falsa, in quanto falsa, non implica la certezza. Quando dunque noi diciamo che un uomo trova la quiete nel falso e non ne dubita, noi non diciamo che possiede la certezza, ma solo che non dubita o che si acquieta nel falso perché non vi sono cause le quali facciano sì che la sua rappresentazione diventi fluttuante. Per quanto fortemente dunque si voglia supporre che un uomo aderisca al falso, noi non diremo mai che è certo. Perché per certezza noi intendiamo qualche cosa di positivo, non la privazione del dubbio (*Et.*, II, 49, *scol.*).

3. Come la conoscenza mutila e confusa aveva per effetto di farci apparir le cose come mutevoli e contingenti, di trasformare il mondo delle essenze eterne in un mondo di cose soggette al tempo, così per contro la conoscenza che, partendo dalle idee universali adeguate, procede alla ricostruzione del sistema delle idee vere ci apprende le

cose nel loro ordine e nella loro necessità. Essa è ciò che Spinoza chiama «ragione».

PROP. 44. Appartiene alla natura della ragione il contemplare le cose non come contingenti, ma come necessarie.

Essa è un processo, non un semplice atto e non ci pone senz'altro dinanzi al regno dell'eternità: ma ce ne apre la possibilità, riverbera sulle cose contemplate la luce delle cose eterne: perciò Spinoza dice che essa ci fa apprendere le cose sotto un certo aspetto dell'eternità (*sub quadam aeternitatis specie*)[4].

4. Nelle PROP. 45-47 Spinoza tratta infine dell'idea universale suprema che è sempre in noi perfetta ed adeguata, che è la sola e la vera idea innata: dell'idea di Dio. Come Dio è il fondamento immutabile di tutte le cose, così l'idea di Dio è necessariamente implicata in tutte le altre idee: ed essendo il loro principio universale e comune, non può mai diventare mutila e confusa. Il principio, da cui sorge in noi la conoscenza vera, il germe incorruttibile che ciascuno porta in sé e che può diventare il principio della liberazione, è dunque veramente l'idea innata di Dio, la presenza immediata di Dio nell'anima.

PROP. 45. Ogni idea di qualsivoglia corpo o cosa singola attualmente esistente involge necessariamente l'eterna ed infinita essenza di Dio.

PROP. 46. La conoscenza dell'infinita ed eterna essenza di Dio, che ogni idea involge, è adeguata e perfetta.

---

[4] Le osservazioni del Baensch (*Spinoza Ethik*, p. 284) contro l'interpretazione usuale dell'espressione «*sub aeternitatis specie*» mi sembrano un'innovazione assai infelice. La frase «*sub specie*» nel senso qui adottato ricorre già nella scolastica. Non è nemmeno vero, del resto, quello che il B. asserisce, e cioè che in Spinoza *species* significhi sempre falsa apparenza. Ciò è vero solo in due dei tre esempi da lui citati: e cioè in *Eth.*, IV, cap. XVI (*quamvis pietas speciem prae se ferre videatur*) e il cap. XXIV (*quamvis indignatio aequitatis speciem prae se ferre videatur*); ma nell'altro esempio citato e per esempio, *Eth.*, IV, cap. XXII (*falsa libertatis specie gaudere*) ed altrove, come, apparenza è detta falsa specie; ciò che presuppone *species=vera species*.

PROP. 47. La mente umana ha una conoscenza adeguata dell'infinita ed eterna essenza di Dio.

Che l'uomo abbia almeno un principio della vera conoscenza di Dio, per Spinoza non è dubbio. Le controversie e gli errori che sorgono in questo campo nascono da ciò che gli uomini vi uniscono spesso immagini incongrue e non esprimono con chiarezza e precisione il proprio pensiero: gran parte delle dispute teologiche sono dispute verbali.

Alla tua questione se io abbia di Dio un'idea così chiara come del triangolo, rispondo affermando. Ma se mi interroghi se io abbia un'immagine così chiara, di Dio come del triangolo, risponderò negando: perché non possiamo rappresentarci Dio, ma possiamo ben pensarlo. Ed ancora è da notare che io non dico di conoscere Dio a fondo, ma di conoscere alcuni dei suoi attributi, non tutti e nemmeno la massima parte: ed è certo che l'ignoranza nella massima parte dei punti non impedisce di avere conoscenza di alcuni di essi. Quando io studiavo gli Elementi d'Euclide, ho compreso tra le prime cose che i tre angoli d'un triangolo sono pari a due retti; io comprendevo allora chiaramente questa proprietà del triangolo, sebbene ne ignorassi molte altre (*Lett.* 56).

Di qui vediamo che l'essenza infinita e l'eternità di Dio sono da tutti conosciute. E poiché tutte le cose sono in Dio e sono concepite per mezzo di Dio, ne segue che noi da questa conoscenza potremo dedurre moltissime altre conoscenze adeguate e formare così quel terzo genere di cognizione del quale dicemmo nello scolio 2 della PROP. 40 e della cui eccellenza ed utilità tratteremo nel quinto libro. Che poi gli uomini non abbiano di Dio una conoscenza così chiara come delle nozioni comuni, viene da ciò che non possono rappresentarsi Dio come si rappresentano i corpi e che hanno associato il nome di Dio alle immagini delle cose che sono soliti a vedere; ciò che difficilmente gli uomini possono evitare in quanto sono continuamente affetti dalle cose corporee. E in realtà la maggior parte degli errori consistono solo in questo, che non applichiamo giustamente i nomi alle cose. Quando alcuno dice che le linee condotte dal centro del circolo alla circonferenza sono disuguali, certo egli intende, almeno allora, per circolo altra cosa da quella che intendono i matematici. Così quando gli uomini errano in un calcolo, hanno nel pensiero altri numeri da quelli che hanno sulla carta… E di qui nascono la maggior parte delle controversie, ossia da ciò che gli uomini non spiegano correttamente il loro pensiero o interpretano male l'altrui. In realtà, quando massimamente si contraddicono, o pensano le stesse cose o pensano diversamente ma di cose diverse, sì che gli errori e gli assurdi, che si imputano, non sussistono (*Et.*, II, 47, *scol.*).

VIII. CONOSCENZA ED AZIONE

Le PROP. 48-49 sono una specie di passaggio al libro terzo sulle passioni, le quali non sono che un aspetto particolare, l'aspetto attivo della conoscenza inadeguata. Non vi è una facoltà di volere diversa dall'attività delle idee: il volere (in largo senso) non è che il *nisus*, l'*appetitus*, con cui ogni idea si afferma come ente. Le volizioni non sono quindi che affermazioni o negazioni di idee: l'intelletto e la volontà sono una cosa sola.

PROP. 48. Nella mente non vi è una volontà assoluta, ossia libera; la mente è determinata a voler questo o quello da una causa che è determinata alla sua volta da un'altra e questa di nuovo da un'altra e così all'infinito.

PROP. 49. Nella mente non vi è alcuna volizione, ossia affermazione o negazione, fuori di quella che l'idea, in quanto idea, involge.

Corollario. La volontà e l'intelletto sono una sola e medesima cosa.

Negli scoli annessi alle PROP. 48 e 49 Spinoza si estende anzitutto contro il concetto di facoltà: non vi è una facoltà di volere, ecc.; non vi sono che gli atti concreti. In secondo luogo mostra che l'atto di volontà è coestensivo all'intelletto: non vi è una volontà o una facoltà di giudicare, affermare e negare, che sovrasti per così dire al contenuto dell'intelletto e ne sia indipendente: ogni atto di volontà, ogni giudizio è semplicemente l'atto d'un contenuto concreto della nostra conoscenza, l'affermazione o la negazione implicata in un'idea. Qui Spinoza combatte la teoria cartesiana dell'errore: e ne coglie occasione per ritornare sul suo argomento preferito, l'illusione del libero arbitrio, celebrando l'eccellenza della dottrina della necessità, secondo la quale ciascuno non è che un momento della vita divina e tanto più è perfetto, quanto più s'immedesima, per la conoscenza, con l'unità infinita di Dio.

Allo stesso modo si dimostra che non vi è nell'anima alcuna facoltà assoluta di conoscere, di desiderare, di amare, ecc. Onde segue che queste e simili facoltà o sono pure finzioni o sono soltanto enti metafisici ossia universali, come noi usiamo formare dagli esseri particolari. Così l'intelletto e la volontà sono con questa o quella idea, con questa o quella volizione nello stesso rapporto in cui è la petreità con questa o quella pietra e l'uomo con Pietro o Paolo (*Et.*, II, 48, *scol.*).

[Ma, diranno,] noi sperimentiamo che è in potere della mente nostra così il parlare come il tacere e il fare tante altre cose che perciò si fanno dipendere dal suo arbitrio… Certo gli affari degli uomini andrebbero molto meglio se fosse egualmente in potere degli uomini tanto il tacere quanto il parlare. Ma l'esperienza mostra abbastanza a chiare note che gli uomini niente hanno meno in potere loro che la lingua e niente possono meno governare che i loro appetiti: onde i più credono che noi operiamo liberamente solo quelle cose che desideriamo lievemente, perché il desiderio di queste cose può essere facilmente represso dalla immagine d'un'altra cosa frequentemente rievocata; ma non quelle cose che desideriamo con una passione veemente, la quale non può venir soffocata dall'immagine di un'altra cosa. Ma veramente, se non avessero sperimentato che noi facciamo tante cose di cui dopo ci pentiamo e che spesso quando cioè siamo agitati da passioni contrarie, vediamo il meglio e seguiamo il peggio, nulla li impedirebbe di credere che noi facciamo tutto liberamente. Così il bambino crede di desiderare liberamente il latte e il fanciullo irato la vendetta e il pauroso la fuga. L'ubriaco crede d'aver detto per una libera decisione della mente, quello che poi in stato di sobrietà vorrebbe aver taciuto: così l'uomo che delira, la donna chiacchierona, il fanciullo e tant'altra gente della stessa risma credono di parlare per un libero decreto della mente, mentre non possono contenere l'impulso che li trascina a parlare; cosicché la stessa esperienza non meno che la ragione ci insegnano chiaramente che gli uomini si credono liberi unicamente perché hanno coscienza delle loro azioni ed ignorano le cause da cui sono determinati: e di più che le decisioni della mente non sono che gli stessi desideri, i quali variano secondo la diversa disposizione del corpo. Ciascuno infatti tutto governa secondo i suoi sentimenti: quelli che sono agitati da sentimenti contrari non sanno quel che vogliono: e quelli che non sono mossi da alcun sentimento sono spinti in un senso o nell'altro dal più leggero motivo. Le quali cose con tutta chiarezza mostrano che e la decisione della mente e l'appetito e la determinazione del corpo sono per natura simultanei o meglio sono una sola e medesima cosa che, quando è considerata sotto l'attributo del pensiero e per esso esplicata, diciamo decisione, quando è considerata sotto l'attributo dell'estensione e dedotta dalle leggi del moto e della quiete, è detta determinazione… E quando noi sogniamo di parlare, crediamo di parlare per una libera decisione e tuttavia non parliamo, o, se ciò avviene, parliamo per un movimento spontaneo del corpo. Noi sogniamo anche di nascondere agli uomini certe cose e ciò per la stessa decisione per cui, quando vogliamo, tacciamo ciò che sappiamo. Noi sogniamo infine che facciamo per una libera decisione ciò che nella veglia non oseremmo fare. Vi sono dunque, io vorrei sapere, due specie di decisioni, l'una fantastica, l'altra veramente libera? Che se non si vuol andare a tanta stravaganza, bisogna necessariamente ammettere che quella decisione della mente, che si crede libera, non differisce dall'immaginazione o dalla memoria e non è altro che quell'affermazione che l'idea, in quanto idea, necessariamente involge. E con queste decisioni si formano nella mente con la stessa necessità con cui si formano le idee delle cose reali. Quelli dunque che credono di parlare o di tacere o di fare altro per una libera decisione della mente, sognano ad occhi aperti (*Et.*, III, 2, *scol.*).

Io dico libera quella cosa che esiste ed agisce per la sola necessità della sua natura; coatta quella che è determinata da un'altra cosa ad esistere e ad operare in una certa e determinata maniera. Così Dio esiste necessariamente, ma liberamente, perché esiste per la sola necessità della sua natura. Così ancora Dio intende liberamente sé ed assolutamente tutte le cose: perché dalla sola necessità della sua natura segue che egli intenda ogni cosa. Vedi dunque che io pongo la libertà non nella libera decisione, ma nella libera necessità.

Ma discendiamo alle cose create, che tutte sono determinate da cause esterne ad esistere e ad operare in un certo e determinato modo. E per intenderci chiaramente, prendiamo una cosa semplicissima. Per esempio, una pietra riceve da una causa motrice esterna una certa quantità di movimento, per la quale dopo, anche cessato l'impulso della causa esterna, continuerà necessariamente il suo moto. Questa persistenza del moto nella pietra è coatta non perché necessaria, ma perché determinata dall'impulso della causa esterna: e ciò che si dice qui della pietra si deve intendere di qualunque cosa singolare, per quanto complessa e capace d'un'attività multiforme: e cioè che ogni cosa è necessariamente determinata da una qualche causa esterna ad esistere e ad operare in un certo e determinato modo.

Supponi ora che la pietra, mentre continua a muoversi, pensi e abbia coscienza del suo tendere, per quanto essa può, a conservare il movimento. Essa, pur essendo conscia soltanto del suo tendere ed essendo tutt'altro che indifferente, crederà di essere liberissima e di perseverare nel movimento soltanto perché essa lo vuole. E questa è quella libertà umana che tutti si vantano di avere e che consiste solo in ciò che gli uomini hanno coscienza dei loro appetiti, ma non delle cause da cui sono determinati (*Lett.* 58).

La libertà è virtù o perfezione: tutto ciò che implica nell'uomo impotenza non può quindi venir riferito alla libertà. Quindi l'uomo non può esser detto libero perché può non esistere o può non servirsi della ragione, ma solo in quanto ha la facoltà di esistere e di operare secondo le leggi della natura umana. Quanto più quindi affermiamo un uomo essere libero, tanto meno potremo dire che possa non servirsi della ragione e preferire il male al bene: e perciò Dio che esiste, intende ed opera con assoluta libertà, esiste, intende ed opera anche necessariamente, cioè per la necessità della sua natura. Perché non è dubbio che Dio opera con la stessa necessità con cui esiste: come dunque esiste per la necessità della sua natura, così opera anche per la necessità della sua natura, cioè opera con assoluta libertà (*Tratt. polit.*, I, 7).

Si confronti la dottrina di Spinoza sulla libertà con la dottrina del calvinismo ortodosso, imperante allora in Olanda: «*Sic libertasest comparata, ut non pugnet cum omni necessitate et determinatione. Pugnat equidem cum determinatione violenta, sive cum necessitate coactionis, sed optime convenit cum necessitate immutabilitatis, infallibilitatis et dependentiae.Nam Deus necessario odit peccata... et eadem odit libere, idest non coacte. Sic beati spiriti in caelis maiori libertate sunt praediti quam nos in hac vita. Illi antem necessario tantum justa et recta volunt... et haec est maxima voluntatis perfectio, ferri dumtaxat in bonum*» (Atti del Sinodo nazionale di Dordrecht, Hanau 1620, p. 706).

Resta infine di mostrare quanto la conoscenza di questa dottrina serva alla pratica della vita, il che facilmente rileveremo da quanto segue. E cioè: 1. In quanto c'insegna ad agire secondo la sola volontà di Dio e ad essere partecipi della natura divina, il che tanto più si avvera quanto più perfette sono le nostre azioni e quanto più comprendiamo Dio. Onde questa dottrina oltre che rende l'animo assolutamente tranquillo, ha anche questo che ci insegna in che consista la nostra suprema felicità o beatitudine, e cioè nella sola conoscenza di Dio, dalla quale siamo indotti ad operare solo ciò che la carità e la coscienza consigliano. Di qui chiaramente vediamo quanto s'allontanino dal vero apprezzamento della virtù coloro che aspettano d'essere rimunerati da Dio con grandi premi per la virtù e le buone azioni, come per un penoso sacrifizio, come se nella virtù e nel servire a Dio già non consistessero la felicità e la più alta libertà; 2. In quanto insegna come dobbiamo comportarci di fronte alle cose della fortuna o alle cose che non sono in nostro potere, cioè di fronte alle cose che non hanno la nostra natura per causa; e cioè aspettare e sostenere con animo eguale l'una e l'altra faccia della fortuna, poiché tutte le cose seguono dall'eterno beneplacito di Dio con la stessa necessità con cui dall'essenza del triangolo segue che la somma dei suoi angoli è uguale a due retti; 3. Questa dottrina giova anche alla vita sociale in quanto insegna a non odiare, a non disprezzare, a non deridere, a non irritarsi, a non essere invidiosi. Di più in quanto insegna a ciascuno a contentarsi del suo e ad aiutare il prossimo non per femminea tenerezza, né per favore, né per superstizione, ma per i dettami della ragione, così come il tempo e le circostanze consigliano; 4. Infine giova questa dottrina anche alla società civile in quanto insegna come debbono essere governati e diretti i cittadini perché non servano ma pratichino liberamente il bene (*Et.*, II, 49, *scol.*).

LIBRO TERZO
DELL'ORIGINE E NATURA DELLE PASSIONI

I. L'INTRODUZIONE

Il libro terzo è dedicato all'esposizione delle passioni umane, che procedono dalle idee inadeguate e che costituiscono la schiavitù e la miseria della vita umana. Il libro ha carattere più psicologico-descrittivo che speculativo: forse appunto per questo ha un ordine meno rigoroso. Esso comincia con una breve introduzione nella quale Spinoza dichiara di voler studiare le passioni umane da un punto di vista freddamente teoretico, come semplici fatti della natura umana.

I più che hanno scritto sulle passioni e sulla condotta della vita umana sembrano trattare non di cose naturali che seguono le leggi della natura, ma di cose che son fuori della natura. Anzi sembrano concepire l'uomo nella natura come un impero nell'impero. Essi credono che l'uomo turbi l'ordine della natura piuttosto che seguirlo, che egli abbia sulle sue azioni un potere assoluto, né sia determinato da altro che da se stesso. Indi attribuiscono la causa dell'impotenza e dell'instabilità umana non alla potenza comune della natura, ma non so a quale vizio della natura umana, che perciò piangono, deridono, sprezzano o, come per lo più, condannano: e colui che più eloquentemente o sottilmente ha saputo mordere l'impotenza della mente umana, è considerato come un uomo divino. Non mancarono tuttavia uomini eccellenti (alla cui fatica e diligenza noi confessiamo di dovere molto) che scrissero molte belle cose sulla retta condotta della vita e diedero ai mortali consigli pieni di saggezza; ma nessuno, per quello che io mi sappia, ha determinato la natura e la forza delle passioni e che cosa possa la mente contro di esse. So bene che l'illustre Cartesio, sebbene anch'egli abbia creduto che la mente abbia un potere assoluto sulle sue azioni, cercò di spiegare le passioni umane per le loro prime cause e nello stesso tempo di mostrare la via per cui la mente può ottenere un dominio assoluto sulle passioni; ma non fece, a mio avviso, se non mostrare l'acutezza del suo grande ingegno, come farò vedere a suo luogo. Ora voglio tornare a quelli che vogliono condannare e deridere le passioni e le azioni umane anziché comprenderle. A costoro sembrerà senza dubbio strano che io imprenda a trattare dei vizi e delle miserie umane col metodo matematico e voglia dimostrare con un ragionamento preciso ciò che essi proclamano essere contrario alla ragione, vano, assurdo e degno d'orrore. Ma il mio ragionamento è questo. Non vi è nella natura nulla che possa essere riferito a suo difetto, perché la natura è sempre la stessa e dappertutto la sua virtù e potenza d'agire è la stessa: cioè le leggi e le regole di natura, secondo le quali tutto avviene e passa da una forma nell'altra, sono sempre e dappertutto le stesse: quindi uno e identico deve sempre essere il metodo per comprendere la natura di qualsivoglia cosa, e cioè il comprenderla per mezzo delle leggi e delle regole universali della natura. Le passioni quindi dell'odio, dell'ira, dell'invidia, ecc., in sé considerate procedono dalla stessa virtù e necessità della natura come tutte le altre cose singole: e perciò riconoscono certe cause per mezzo delle quali vengono comprese ed hanno determinate proprietà egualmente degne della nostra attenzione come le proprietà di qualunque altra cosa, la cui sola contemplazione è per noi fonte di gioia. Tratterò quindi delle passioni, della loro natura e forza e della potenza della mente su di esse con lo stesso metodo con cui nei libri precedenti ho trattato di Dio e della mente umana e considererò le azioni e gli appetiti umani come se si trattasse di linee, di piani o di solidi (*Et.*, III, *Introd.*).

Avendo applicato l'animo mio alla politica, non ho inteso narrare alcunché di nuovo e di mirabile, ma soltanto di dimostrare con un ragionamento preciso e sicuro e di dedurre dalla stessa condizione della natura umana quello che meglio si conviene alla pratica: e per trattare di questa scienza con la stessa libertà d'animo, con cui ci accostiamo alle ricerche matematiche, mi occupai con diligenza di non deridere, di non piangere, di non condannare, ma solo di comprendere (*non ridere, non lugere*

neque detestari, sed intelligere) le azioni umane: e così consi-
derai le passioni umane come l'amore, l'odio, l'ira, l'invidia,
l'orgoglio, la pietà e le altre commozioni dell'animo, non come
vizi della natura umana, ma come proprietà che le appartengono, come alla natura dell'aria il freddo, il caldo, il temporale,
il tuono e simili; che sebbene molesti, sono tuttavia cose necessarie ed hanno cause determinate per cui cerchiamo di com-
prenderne la natura; e la mente gode della loro contemplazione
vera allo stesso modo che della conoscenza di quelle cose che
sono grate ai sensi (*Tratt. polit.*, I, 4).

Questa contemplazione impassibile della realtà non esclude il ri-
conoscimento della perfezione o dell'imperfezione degli esseri em-
pirici: si veda per questo l'introduzione al libro quarto. Ma questa
perfezione o imperfezione nasce dalla loro limitazione: anche l'imperfezione del mondo esteriore non è che un riflesso dell'imperfezione interiore dell'essere che lo apprende. Quindi il vero progresso
sta nel conoscere, nel penetrare fino alla realtà eterna delle cose: e
questo vuole appunto la considerazione che qui Spinoza istituisce. E
l'espansione della perfezione non consiste in un'azione sulle cose,
ma in un'illuminazione degli spiriti, in una rivelazione della razionalità eterna delle cose, che è anche la loro perfezione e la loro bontà.
Pur accingendosi a considerare la realtà umana nella sua massima
imperfezione, nello stato di schiavitù alle passioni, il filosofo non
deve credere, dice Spinoza, che si possa e si debba ad essa sostituire
un'altra realtà: e quindi trattarne come si fa comunemente, con rimpianto, con sdegno, ecc. Ciò sarebbe un misconoscere che anch'essa
ha un fondamento reale e razionale e un togliere a noi il punto di
partenza per penetrare più profondamente in quest'ordine e dissol-
vere così in noi e nella nostra visione del mondo l'imperfezione che
risulta soltanto dal nostro conoscere inadeguato. Pur riconoscendo
che la realtà immediata non è ancora la realtà correlativa all'intelligenza perfetta, noi dobbiamo però cercare, per quanto ci è possibile,
di razionalizzarla, di considerarla freddamente nelle sue ragioni d'essere. Questa considerazione non la giustifica quanto allo stato d'imperfezione in cui ci appare: ma eleva l'intelletto nostro ad una visione

più alta, nella quale l'imperfezione creata dal nostro modo imperfetto di vedere le cose, gradatamente si dissolve e scompare.

II. LE DEFINIZIONI E GLI ASSIOMI

1. Le definizioni del libro terzo hanno per oggetto di introdurre il concetto di passione, connettendolo al concetto della conoscenza inadeguata.

DEF. 1. Dico causa adeguata quella il cui effetto può essere appreso chiaramente e distintamente per mezzo di essa. Causa inadeguata o parziale dico quella il cui effetto non può venire inteso per mezzo di essa sola.

DEF. 2. Dico che siamo agenti quando avviene in noi o fuori di noi qualche cosa di cui siamo la causa adeguata, cioè quando dalla nostra natura procede in noi o fuori di noi qualche cosa che può essere chiaramente e distintamente inteso per mezzo di essa sola. Per contro dico che siamo pazienti quando avviene in noi qualche cosa o dalla natura nostra procede in noi qualche cosa di cui non siamo che causa parziale.

DEF. 3. Per passioni (*affectus*) intendo le affezioni del corpo, dalle quali la sua potenza di agire è accresciuta o diminuita, promossa o impedita e nello stesso tempo (intendo) le idee di queste affezioni.

La conoscenza adeguata è la conoscenza delle cose in Dio. Per mezzo di essa l'uomo sente la sua unità con tutte le cose: allora nulla di ciò che avviene può essergli ostile o straniero: egli vede tutte le cose nella loro necessità divina, che è quella in cui egli stesso è e vive, e perciò non solo consente a ciò che questa necessità vuole, ma vuole egli stesso, perché lo comprende, ciò che essa vuole. Tutto egli allora può spiegare partendo dal mio io in quanto è unito con Dio: egli è causa adeguata di tutto ciò che avviene in lui o a lui e perciò non soffre, ma agisce. Invece nella conoscenza inadeguata l'uomo è (o si crede) circondato da forze straniere che possono favorirlo o osteggiarlo: egli non è causa di ciò che avviene in lui o a lui, è passivo, patisce.

Le affezioni dell'essere nostro, in quanto si traducono sotto l'aspetto teoretico in conoscenze inadeguate, si traducono sotto l'aspetto pratico nelle passioni. Esse possono avere per effetto di promovere il nostro progresso verso la perfezione (cioè verso il conoscere adeguato) o di arrestarlo: sopra questa distinzione si fonda la loro differenza di valore. Tutte le passioni costituiscono quindi un'imperfezione: ma non tutte sono assolutamente cattive. Anche alle conoscenze adeguate si accompagnano, come aspetto attivo, dei sentimenti di gioia, di serenità, ecc., che non sono più propriamente passioni, ma espressioni d'uno stato di pura attività; Spinoza li chiama tuttavia ancora, qualche volta, *affectus*.

2. Postulati (o assiomi). In questi due postulati Spinoza constata semplicemente due fatti. In primo luogo che il corpo nostro (e così l'essere nostro, perché alle affezioni corporee si accompagnano le idee corrispondenti) può essere affetto da azioni favorevoli, ostili o indifferenti. In secondo luogo che di queste affezioni possono restare (ed agire) in noi le tracce, le immagini.

III. LE PASSIONI FONDAMENTALI

1. Nelle proposizioni 1-3 viene determinato genericamente il concetto di passione.

PROP. 1. La mente nostra in alcune cose agisce, in altre patisce; e cioè in quanto ha idee adeguate, in tanto necessariamente in alcune cose agisce e in quanto ha idee inadeguate, in tanto necessariamente in alcune cose patisce.

PROP. 3. Le azioni della mente procedono dalle sole idee adeguate: le passioni dalle sole idee inadeguate.

Dio ha conoscenza adeguata di tutte le cose ed è la causa adeguata di tutte le cose: tutto procede in ultima analisi da Dio. Lo spirito nostro, in quanto ha idee adeguate, ha queste idee così come sono in

Dio: Dio e quel modo che costituisce lo spirito nostro finito, almeno in quel singolo punto, coincidono. In quel punto coincide anche la loro potenza causale: in quanto la mente nostra conosce adeguatamente, in tanto partecipa allo stesso dominio che sulle cose ha Dio, non è passiva. In quanto invece lo spirito nostro ha idee inadeguate, in tanto ha, in confronto con Dio, una conoscenza mutila: rispetto a questo punto il nostro spirito non ha per contenuto se stesso nella sua integrità e nella sua unità (in modo che da esso si esplichino i suoi rapporti e le sue attività), ma solo una parte confusa di sé, alla quale si contrappongono, come stranieri, altri elementi: la nostra potenza non coincide perciò in questo punto con quella di Dio, ha di fronte a sé potenze ostili, per opera delle quali soffre, cioè è passiva.

La PROP. 2 non fa che ripetere ed applicare qui il principio del parallelismo: l'ordine delle azioni e delle passioni del nostro corpo è parallelo a quello dello spirito. Nello scolio Spinoza prende l'occasione per tornare sopra un argomento favorito: l'assurdità del concetto di libero arbitrio.

2. Le proposizioni 4-11 hanno per oggetto di stabilire quali sono gli atteggiamenti fondamentali della passione, che sono il desiderio (*cupiditas*), il piacere, il dolore.

PROP. 6. Ogni cosa, per quanto da essa dipende, si sforza di perseverare nell'essere suo.

PROP. 7. Lo sforzo, per cui ogni cosa si sforza di perseverare nell'essere suo, non è se non l'essenza attuale della cosa stessa.

PROP. 8. Lo sforzo, per cui ogni cosa si sforza di perseverare nell'essere suo, non involge alcun tempo finito, ma un tempo indefinito.

PROP. 9. La mente, sia in quanto ha idee chiare e distinte, sia in quanto ha idee confuse, si sforza di perseverare nell'essere suo secondo una durata indefinita ed ha coscienza di questo suo sforzo.

PROP. 11. Quando una cosa accresce o diminuisce, favorisce o impedisce la potenza d'agire del nostro corpo, l'idea della stessa cosa accresce o diminuisce, favorisce o impedisce la potenza di pensare della nostra mente.

PROP. 53. Quando la mente considera sé e la sua potenza d'agire, gioisce: e tanto più quanto più distintamente immagina sé e la sua potenza di agire.

PROP. 54. Quando la mente immagina la sua impotenza, ne è contristata.

La realtà, sia come estensione, sia come pensiero, non è un essere morto, mosso meccanicamente dall'esterno: è nell'intimo suo attività, vita, sforzo. Più volte Spinoza avverte che le idee non devono essere pensate come immagini inerti, quali le pitture d'un quadro, ma come atti d'una sostanza vivente. Anche in Dio l'essenza e la potenza coincidono: e la potenza non è potenza astratta, ma potenza attiva, attività infinita ed eterna. Così ogni modo eterno è un'affermazione vivente dell'essere suo: che solo impropriamente potrebbe essere detto un *appetitus*, un *conatus*, perché non è un tendere verso una perfezione superiore, ma solo un persistere nell'essere proprio perfetto. Quest'attività non può negarsi, né distruggersi da sé: né nel mondo dei modi eterni vi può essere opposizione tra le essenze: ivi tutto è attività pura. Per contro i modi in quanto finiti, in quanto cioè hanno un'esistenza limitata nel tempo, sono nell'essenza loro un vero tendere, un *conatus*; in quanto se da una parte anch'essi esprimono nell'attività loro un'affermazione dell'essere proprio, un'aspirazione a persistere nell'esistenza loro attuale secondo il tempo, dall'altra tendono a realizzare l'essere proprio nella sua purezza, aspirano verso la perfezione. Spinoza comprende ambo queste tendenze con l'espressione generica «perseverare nell'essere suo»: perché in fondo anche l'aspirare verso la perfezione superiore è anch'esso, nel modo finito, un affermare l'essenza sua più profonda contro le limitazioni della sua esistenza nel tempo. Ma mentre quella parte di noi, che è costituita da idee chiare e distinte, non ha, in vero e proprio senso, che da perseverare nel suo essere perfetto, quella parte di noi che è costituita da idee confuse (cioè è ancora nel regno del senso) deve affermare il suo essere cercando la perfezione: ed è in questo suo *conatus*, il quale può essere contrariato o favorito, che hanno origine le passioni.

Tutto questo vale tanto dall'aspetto fisico dei modi quanto dall'aspetto spirituale, ossia dalla mente, con parallelismo perfetto: ciò che nega il nostro essere corporeo nel suo *conatus* è anche una negazione della nostra mente; ciò che favorisce o impedisce la nostra potenza corporea favorisce o impedisce anche la nostra potenza spirituale. Anzi Spinoza sembra qualche volta dare una specie di primato all'attività corporea in modo che la mente sembra non essere che un riflesso del *conatus* corporeo, una ripercussione spirituale degli appetiti corporei. Nello scolio della PROP. 9 sembra quasi preludere alla teoria somatica delle passioni: «Da tutto questo è chiaro che noi non ci sforziamo, non vogliamo, non appetiamo, non desideriamo qualche cosa perché lo giudichiamo buono, ma anzi che noi lo giudichiamo buono per ciò che ci sforziamo, lo vogliamo, lo appetiamo e desideriamo». Ma nella seconda parte dello scolio alla PROP. 11 Spinoza ristabilisce chiaramente l'equilibrio. Certo la mente segue il destino del corpo: tolto il corpo, è tolta la mente. Ma ciò non perché il corpo valga a determinare o negare l'esistenza della mente: la negazione della mente risale ad un'altra idea che è ostile alla nostra mente nella stessa misura che è ostile al nostro corpo quell'altra corrispondente attività corporea, dalla quale il nostro corpo è negato.

La passione fondamentale (degli stati attivi che accompagnano il conoscere adeguato Spinoza dirà in breve alla fine di questo libro) è perciò l'*appetitus* o *cupiditas*, col quale nome Spinoza intende (in quanto può essere anche uno stato attivo) «l'essenza stessa dell'uomo in quanto è pensata come determinata da una sua qualche affezione all'azione» (DEF. 1)[5]; ma, considerato solo come passione, può dirsi il *conatus* del modo finito verso la perpetuazione e la perfezione dell'essere suo: essa è ciò che sotto l'aspetto puramente spirituale diciamo volontà. Quando l'*appetitus* è favorito nel suo tendere verso la

---

[5] Queste definizioni sono le definizioni delle passioni raccolte da Spinoza nell'appendice al libro terzo.

perfezione abbiamo la gioia (*laetitia*); quando è contrariato, abbiamo il dolore (*tristitia*). È chiaro che queste tre passioni fondamentali sono in fondo una sola e medesima cosa: la gioia è l'*appetitus* nella sua espansione, il dolore l'*appetitus* nella sua compressione. E ciò tanto è vero che la gioia e il dolore fomentano l'*appetitus*, la prima in quanto eccita un desiderio più intenso della vita e dell'azione, il secondo in quanto provoca una reazione che è tanto maggiore, quanto maggiore è il dolore (PROP. 37).

Qui è da notarsi un punto. Spinoza pone come causa del dolore la diminuzione della nostra potenza (o essenza), il passaggio ad una minor perfezione: ora come è ciò possibile? Ogni cosa nella sua vera essenza è indistruttibile: se la nostra essenza potesse venir diminuita, ossia parzialmente negata, l'unità divina potrebbe contenere in sé delle negazioni. Ciò che può venir negato, diminuito, ecc., è quindi soltanto la realtà particolare del nostro essere finito, quella forma limitata e peritura, che traduce nel tempo il nostro essere eterno e la cui distruzione può essere dolorosa, ma non tocca il vero essere nostro. È solo in questo senso che le cause esterne possono distruggere una cosa (PROP. 4), che vi sono cose di natura contraria che si negano e si distruggono. L'essere finito, che ha idee inadeguate, considera, nella sua cecità, questa forma effimera come la sua essenza e potenza e perciò gode o soffre della sua espansione o diminuzione, come se si trattasse d'un reale passaggio ad una perfezione maggiore o minore. Ora può darsi che questo sia il caso: allora la gioia (sebbene sempre imperfetta, in quanto è passione ancora) è legittima e il dolore da fuggirsi. Ma può darsi altresì che questa nostra individualità fittizia sia diventata un ostacolo al progresso verso la perfezione: allora si ha il caso, che anche Spinoza ammette, delle gioie funeste e dei dolori salutari.

3. Tutte le altre passioni derivano da queste tre: il desiderio, la gioia, il dolore. In ciò seguono certe leggi che Spinoza inserisce man mano nella trattazione e che sarà bene raccogliere qui insieme.

A. Quante sono le specie di oggetti che agiscono su di noi, tante sono le varietà delle passioni, perché ogni passione è l'aspetto attivo d'un'idea inadeguata, la quale esprime in sé tanto la natura dell'essere nostro quanto la natura dell'oggetto che le corrisponde. La gioia che deriva dall'oggetto A esprime quindi la natura dell'oggetto A ed è diversa dalla gioia che deriva dall'oggetto B e così via. Così pure ad ogni oggetto corrisponde il suo desiderio: il desiderio con cui appetisco l'oggetto A è diverso dal desiderio con cui appetisco B, come è diversa la rispettiva gioia (PROP. 56).

B. Le passioni si differenziano anche per la natura diversa del soggetto: un solo oggetto può affettare diversamente più uomini: ed anzi, dato il mutamento che avviene di continuo nell'individuo umano, può affettare lo stesso uomo diversamente in tempi diversi. Il che è naturale, poiché la passione non è che la volontà di essere dell'individuo favorita o impedita da altre volontà di essere: il che può aver luogo in condizioni estremamente diverse (PROP. 51, 57).

PROP. 57. Ogni passione di ciascun individuo differisce tanto dalla passione d'un altro quanto l'essenza dell'uno differisce dall'essenza dell'altro.

Scolio. Di qui segue che le passioni degli animali irrazionali (che essi sentano non possiamo dubitare, dato il nostro concetto della coscienza) tanto differiscono dalle passioni degli uomini, quanto la loro natura differisce dall'umana. E l'uomo e il cavallo son mossi dalla libidine di procreare: ma questo da libidine equina, quello da umana. E così le libidini e gli impulsi degli insetti, dei pesci e degli uccelli debbono essere diversi gli uni dagli altri. Sebbene perciò ogni individuo viva contento della natura che lo costituisce e ne goda, quella vita tuttavia, di cui ciascuno è contento, e quel godimento altro non sono che l'idea o l'anima dello stesso individuo e così la natura dell'un godimento è tanto diversa da quella dell'altro, quanto l'essenza dell'un individuo è diversa da quella dell'altro. E ancora ne segue che vi è una grande differenza tra il godimento che attira l'ubriaco e quello cui mira il filosofo: ciò che ho voluto qui notare di passaggio.

Spessissimo avviene che, mentre godiamo della cosa desiderata, il corpo acquisti da quel godimento una nuova costituzione
da cui è determinato altrimenti ed altre immagini delle cose
sono destate in lui, onde la mente comincia nello stesso tempo
a rappresentarsi e desiderare altre cose. Così, per esempio,
quando ci rappresentiamo qualche cosa che ci piace, desideriamo goderne, cioè mangiarlo. Ma mentre così ne godiamo, lo
stomaco si riempie e il corpo diventa altro. Se pertanto, col
corpo già così diversamente disposto, sorga in noi la immagine
dello stesso cibo, perché l'abbiamo dinanzi, e quindi anche il
desiderio di mangiarne; a questo desiderio ripugnerà quella
nuova costituzione del corpo e quindi la presenza del cibo, che
prima desideravamo, ci sarà adesso odiosa: e questo è ciò che
diciamo fastidio e disgusto (*Et.*, III, 59, *scol.*).

C. Il medesimo oggetto può essere causa di due stati contrari, che
si alternano, oscillando, nell'animo nostro: abbiamo allora quello
stato che intellettualmente costituisce il dubbio e nel riguardo della
passione Spinoza chiama *fluctuatio*. Ciò è possibile sia in quanto lo
stesso oggetto può affettare in modo contrario due parti diverse
dell'essere nostro, sia in quanto lo stesso oggetto, constando di parti
e di aspetti diversi, può simultaneamente affettare in due sensi contrari la stessa parte dell'essere nostro (PROP. 17, *scol.*).
D. L'ultima legge applica alle passioni le leggi di associazione:
associazione per contiguità (PROP. 14) e per somiglianza (PROP.
16). In questi casi può sorgere facilmente la *fluctuatio*(PROP. 17).

PROP. 14. Se la mente è stata simultaneamente affetta da due
passioni, quando in seguito sarà affetta dall'una di esse, sarà
affetta anche dall'altra.

PROP. 16. Quando immaginiamo una cosa avere alcunché di
simile all'oggetto che suole affettare la mente di gioia o di tristezza, sebbene ciò che le due cose hanno di simile non sia la
causa efficiente di tali passioni, per ciò solo tuttavia la prima
cosa sarà per noi oggetto di amore o di odio.

Di qui il fatto che cose per sé indifferenti possono per accidente causare in noi gioia o tristezza, amore oppure odio: Spinoza vi riconduce i fatti in apparenza così misteriosi delle simpatie e delle antipatie (PROP. 15). La PROP. 50 applica lo stesso principio alla speranza ed al timore: di qui sono sorte le credenze nei presagi e tutte le relative superstizioni. Un altro corollario è dato dalla PROP. 46: quando un uomo d'una certa classe o nazione è stato per noi causa di gioia o di tristezza, siamo inclinati ad estendere questo sentimento a tutta la classe o a tutta la nazione.

IV. LE PASSIONI DERIVATE

1. *La gioia e la tristezza provenienti da cause esterne: l'amore e l'odio*. Nelle PROP. 12-26 Spinoza analizza, riconducendole alle loro forme e leggi fondamentali, le passioni che procedono direttamente dagli oggetti esteriori.

PROP. 12. La mente si sforza di avere presenti, per quanto può, quelle cose che accrescono e favoriscono la potenza del corpo.

PROP. 13. Quando la mente ha presenti quelle cose che diminuiscono o impediscono la potenza del corpo, essa si sforza per quanto può di rendersi presenti quelle cose che escludono la presenza delle stesse.

La mente si sforza di rendersi presenti, per quanto può, quelle cose che accrescono e favoriscono la potenza del corpo, perché queste sono anche quelle che accrescono e favoriscono la potenza della mente: «La mente si sforza di rendersi presenti solo quelle cose che pongono la sua potenza di agire» (PROP. 54). Quindi cerchiamo di procurarci di far sì che esistano quelle cose che hanno questa proprietà: come per contro cerchiamo di distruggere o di eliminare quelle cose che diminuiscono o ostacolano la nostra potenza di essere e di agire (PROP. 28).

La gioia, accompagnata dall'idea della cosa esterna che favorisce l'essere nostro, costituisce l'amore; la tristezza, accompagnata dall'idea della cosa esterna che ostacola l'essere nostro, è l'odio

(PROP. 13, *scol.*; DEF. 6 e 7). L'amore e l'odio riferiti per accidente ad una cosa (v. sopra, III, *D*) diconsi *propensio* ed *aversio* (DEF. 8 e 9). L'amore e l'odio verso un oggetto A diminuiscono naturalmente quando alla gioia e tristezza si unisce, come causa, l'idea d'un altro oggetto: il che ci spiega perché il nostro amore e il nostro odio siano deboli per le cause necessarie (che implicano un'altra cosa come causa, ecc) e forti invece per le cause che crediamo libere: onde la violenza delle passioni tra gli uomini (PROP. 48-49).

Quando noi amiamo un oggetto, ossia quando un oggetto ci è causa di gioia, tutto ciò che lo favorisce è a noi causa di gioia, ciò, che lo diminuisce, causa di tristezza: e così la gioia dell'oggetto amato è a noi causa di gioia, la sua tristezza, causa di tristezza. E ciò che è causa di gioia all'oggetto amato sarà da noi anche amato: quindi ci sforzeremo di affermarlo e promuoverlo: ciò invece che è causa di dolore all'oggetto amato sarà da noi odiato: quindi ci sforzeremo di negarlo e distruggerlo. E per contro, quando odiamo un oggetto, ossia quando un oggetto ci è causa di tristezza, tutto ciò che lo favorisce ci addolora, ciò che lo diminuisce è causa di gioia: e così la sua gioia ci è causa di dolore e il suo dolore di gioia. E ciò che gli causa gioia è da noi odiato, ciò che gli causa dolore, amato: onde ci sforzeremo di favorire il secondo, di deprimere il primo (PROP. 19-26).

Il desiderio di bene, il bene che pensiamo d'una persona perché l'amiamo è da Spinoza detto *existimatio* (DEF. 21): il male che pensiamo e desideriamo circa un oggetto odiato è detto*despectus* (DEF. 22). Il nostro partecipare alla tristezza d'un oggetto amato è detto *misericordia*; il nostro partecipare in senso contrario alla gioia o tristezza d'un oggetto odiato è detto*invidia* (DEF. 23). Il desiderio di far del bene a chi ci ama e di sollevarlo dal dolore è la *benevolentia* (DEF. 35; PROP. 27, *scol.*, al *coroll.* 3); il desiderio di far del male a chi si odia è l'*ira* (DEF. 36).

Quando alcuno ci ama e noi crediamo avergliene data giusta causa, si ha in noi il sentimento dell'orgoglio e della vanità; ma se non crediamo avergliene data causa, proveremo letizia accompagnata dalla rappresentazione di chi ci ama, cioè riameremo chi ci ama e cercheremo di fargli del bene: si ha la *gratitudo* (PROP. 41, DEF. 34).

Quando alcuno ci odia e crediamo avergliene data giusta causa, proveremo un senso di vergogna: ma, per la vanità degli uomini, ciò avviene ben di rado. Per lo più crediamo di non avergliene data giusta causa e lo ricambiamo con odio, tanto più che ce lo rappresentiamo come animato dal desiderio di farci del male. Anche noi cerchiamo allora di fargli del male: e in primo luogo quello che ha voluto fare a noi: in ciò sta la passione della *vindicta* (PROP. 40, DEF. 37). Lo stesso deve dirsi se alcuno odia non noi, ma un simile che noi amiamo: anche noi odieremo ciò che è causa di tristezza nella cosa da noi amata (PROP. 45). L'amore e l'odio per chi fa del bene o del male ad un oggetto amato sono detti *favor* ed *indignatio* (DEF. 19-20).

Quando noi amiamo o odiamo un oggetto, cerchiamo di fargli del bene o del male: ma se da ciò prevediamo ne venga a noi un male maggiore, allora ce ne asteniamo e vogliamo ciò che non vorremmo, non vogliamo ciò che vorremmo: onde la paura (*timor*): che quando è eccessiva si dice *pusillanimitas* (PROP. 39, DEF. 39, 41). Opposta al timore è l'*audacia*: chi è insolitamente audace è detto da Spinoza *intrepidus* (PROP. 51, *scol.*). Quando i due mali sono ugualmente grandi, si ha la *consternatio* (PROP. 39, *scol.*; DEF. 42).

L'odio reciproco e l'amore reciproco si generano e si accrescono sempre. In quanto sono passioni contrarie invece fra loro si distruggono: l'odio distrugge l'amore e sarà tanto più grande, quanto più grande era stato prima l'amore. E per contro il solo mezzo di distruggere l'odio è l'amore: perché, se alcuno risponde al nostro odio con l'amore, questo provocherà in noi un sentimento di compiacenza e un desiderio di conservarci l'amore altrui, che combatteranno il nostro odio. E se riconosceremo di non avergli dato causa di amore, l'odio si convertirà in amore: il quale sarà tanto più grande, quanto più grande era stato l'odio (PROP. 38, 43, 44)[6].

2. *La gioia e la tristezza per simpatia*. Nelle proposizioni 27-35 Spinoza considera le passioni che nascono dalla riflessione simpatica

---

[6] Così anche nel *Dhammapadam*, I, 3 (trad. Neumann, Leipzig 1897): «Non è col furore dell'odio che il furore dell'odio si ammansa: soltanto l'assenza dell'odio ammansa il furore dell'odio. Questa è una legge eterna».

delle passioni altrui. Per ciò solo che noi ci rappresentiamo un essere a noi simile come affetto da gioia o dolore, anche noi siamo inclinati a provare lo stesso sentimento: la somiglianza dell'oggetto favorisce il trapasso della disposizione sentimentale nel nostro io. E quindi ancora amiamo chi causa della gioia ad un oggetto a noi simile (perché essa si riverbera poi in noi): odiamo chi gli è causa di tristezza (PROP. 27).

PROP. 27. Da ciò che ci rappresentiamo una cosa simile a noi e che non desta in noi alcuna passione, come affetta da una passione: per ciò solo anche noi siamo affetti da una passione simile.

Ma se la tristezza d'un essere a noi simile trapassa anche in noi, non dovremmo perciò odiarlo come causa del dolore nostro? No, dice Spinoza; perché allora dovremmo procurargli sempre maggior tristezza: ciò che sarebbe causa di tristezza anche a noi. Noi cerchiamo di eliminare questa tristezza in noi con l'eliminarla negli altri: questa misericordia nascente dalla simpatia è detta da Spinoza *commiseratio* (PROP. 27, *coroll.* 2 e 3; DEF. 18). Quando l'odio soffoca la pietà che noi dovremmo avere per simpatia verso i nostri simili, abbiamo la *crudelitas*: la quale può quindi aversi solo, secondo Spinoza, vincendo una segreta simpatia ed è per questo tanto più malvagia (PROP. 41, *scol.* 2; DEF. 38). Dalla tristezza per simpatia nasce il fatto che la gioia proveniente dal dolore dell'oggetto odiato non è mai senza tristezza (PROP. 47).

Poiché la gioia degli esseri a noi simili provoca in noi gioia, noi siamo naturalmente tratti a desiderare il loro bene, ad amarli ed a cercare che la gioia sia in essi accompagnata dalla rappresentazione di noi come causa; perché questo produce in noi, per la compiacenza, un doppio piacere. Cioè cercheremo che essi ci amino (PROP. 33-34). E ci addoloreremo se dalle manifestazioni apparirà che essi non ci amano, ossia sono ingrati (PROP. 42); oppure se vedremo che essi siano congiunti con pari o maggior amore verso un altro; ciò che è una limitazione dell'amore che possono nutrire per noi. In questo caso sentiremo pel rivale l'invidia: e per la cosa amata quel misto di amore e di odio che si dice gelosia (*zelotypia*). La tristezza e l'odio della gelosia saranno anche maggiori se si tratti d'un rivale per altre cause odiato: ciò che naturalmente avviene nell'amore sessuale per l'intima ripugnanza verso gli esseri dello stesso sesso (PROP. 35).

Pel fatto della simpatia noi siamo tratti anche ad imitare le passioni ed i movimenti degli altri affine di sentirsi in accordo con loro, di piacer loro e di trovare nella loro soddisfazione una causa di gioia: questa è chiamata *humanitas*, quando è tenuta nei giusti limiti, *ambitio* quando va oltre; l'*aemulatio* è l'impulso, che ne procede, ad agire nello stesso senso degli altri (PROP. 27, *scol.*; PROP. 29, *scol.*; DEF. 33, 43, 44). Colui che fa qualche cosa per imitazione simpatica procura piacere agli altri e prova piacere egli stesso di questo; tale piacere ha per causa anche il suo io stesso e dà origine a quel senso di compiacimento che vedremo nella sezione seguente. Questo è uno stimolo vivissimo per l'ambizione. Anzi, siccome colui che fa qualche cosa per ambizione è accresciuto in questo suo senso di compiacimento, se sente il consenso di molti, ed è contrastato, se ne sente l'opposizione, così l'uomo ambizioso finisce per voler provocare questo consenso indipendentemente dal piacere altrui; ossia, anziché fare come fanno gli altri, esige che gli altri facciano a modo suo, si subordinino al suo volere. Questa è la perfetta ambizione (PROP. 31).

Alla simpatia Spinoza riconduce anche una delle radici dell'*invidia* (v. sopra, I). Quando una persona gode d'un bene, noi vorremmo goderne, per simpatia, anche noi; e se il suo godimento esclude il nostro, la odiamo. Così la stessa causa fa gli uomini ad un tempo ambiziosi, misericordiosi ed invidiosi (PROP. 32).

Vediamo dunque che per la disposizione di lor natura i più degli uomini sono tratti a commiserare gli infelici e a invidiare i fortunati; e il loro odio verso di questi è tanto maggiore quanto più amano le cose che si immaginano che gli altri godano. Vediamo inoltre che dalla stessa proprietà umana, che fa gli uomini misericordiosi, segue ancora che siano invidiosi ed ambiziosi. Infine, se vogliamo consultare l'esperienza, vedremo che essa già ci insegna tutte queste cose, sopratutto se volgeremo l'attenzione ai primi nostri anni. L'esperienza ci mostra infatti che i bambini, il cui corpo è continuamente come in equilibrio, ridono o piangono per ciò solo che vedono altre persone ridere o piangere: e tutto quello che vedono fare agli altri subito vogliono imitarlo e desiderano tutto quello che si immaginano che piaccia agli altri; perché in realtà le immagini delle cose, come dicemmo, sono le stesse affezioni del corpo umano, cioè i modi secondo cui il corpo umano è affetto dalle cause esterne e da esse disposto a fare questo o quello. (*Et.*, III, 32, *scol.*).

3. *La gioia e la tristezza procedenti da cause interne*. La gioia e la tristezza possono procedere non solo da oggetti altri da noi, ma anche dalla rappresentazione di noi stessi. Ciò avviene quando godiamo del piacere che procuriamo agli altri e ci rallegriamo di essere causa di questo piacere, sia per l'approvazione degli altri, sia perché questa testimonia della nostra maggior perfezione (PROP. 30, 53, 55). Spinoza chiama la gioia accompagnata dall'idea di sé come causa *acquiescentia in se ipso* (PROP. 51, *scol.*; PROP. 55, *scol.*; DEF. 25); alla quale si oppone l'*humilitas* (PROP. 55, *scol.*; DEF. 26) che è la tristezza per la nostra impotenza, come pure la *poenitentia* che è la tristezza proveniente da un'azione nostra ed accompagnata dall'illusione della libertà (PROP. 30, *scol.*; DEF. 27). Generalmente l'uomo tende a pensare di sé più bene di quel che realmente sia, come tende a pensar bene di ciò che ama: di qui la *superbia* (PROP. 26,*scol.*; DEF. 28). Raramente invece pensa di sé meno bene di quel che deve: ma qualche volta avviene. Allora si ha l'*abiectio* (DEF. 29). La *gloria* e il *pudor* sono varietà della *superbia* e dell'*abiectio*, in quanto provengono indirettamente dall'esterno, dalla lode e dal biasimo; la *verecundia* è il timore del *pudor*, della vergogna (PROP. 30, *scol.*; 39, *scol.*; DEF. 30-31).

Nella *superbia* ha un'altra sua radice l'*invidia*: perché il godimento di noi stessi e della nostra eccellenza non è possibile se non in quanto ci distinguiamo: la presenza in altri delle doti, che noi vorremmo fossero particolari a noi, ci impedisce questo piacere: onde in noi il dolore e il desiderio di diminuirlo. Perciò si invidiano solo i propri simili e non si invidiano le qualità più che eccellenti che superano la natura comune, come non si invidia l'altezza degli alberi e la forza dei leoni (PROP. 55).

La tristezza accompagnata dall'idea della nostra debolezza si dice *humilitas*. La gioia che nasce dalla considerazione del nostro io, *philautia* o *acquiescentia in se ipso*. E poiché questa si ripete tutte le volte che l'uomo considera la sua virtù ossia la sua potenza d'agire, accade che ciascuno smani di narrare le sue gesta e di ostentare le sue forze del corpo e dell'animo: ciò che rende gli uomini insopportabili gli uni agli altri. E di qui segue ancora che gli uomini sono per natura invidiosi, cioè godono della debolezza dei loro simili e s'attristano del loro valore. Tutte le volte infatti che ciascuno considera le sue azioni, egli se ne rallegra; e tanto più quanto più di perfezione esse esprimono e quanto più distintamente egli può rappresentarsele. Onde ciascuno godrà tanto più del considerare se stesso quanto più potrà considerare in sé qualche cosa che nega agli altri. Ma se ciò che afferma di sé appartiene all'idea generale dell'uomo o dell'animale, non se ne rallegrerà tanto; e per contro si attristerà se si rappresenterà le sue azioni come meno eccellenti in paragone di quelle degli altri; egli allora cercherà di allontanare questo dolore coll'interpretare malamente le azioni dei suoi uguali o col gonfiare le sue. Si vede pertanto che gli uomini sono proclivi all'odio ed all'invidia. A ciò conferisce la stessa educazione in quanto i genitori sono abituati ad eccitare i figli alla virtù col solo stimolo dell'onore e dell'invidia (*Et.*, III, 55, *scol.*).

4. *Variazioni intellettuali delle passioni.*

A. Una cosa passata o futura può produrre un'impressione come una cosa presente: perché in realtà quando produce l'impressione è presente, solo viene esclusa dal presente e posta nel passato o nell'avvenire per l'azione di altre rappresentazioni, con le quali si ordina in una serie temporale (PROP. 18; 47 *scol.*). Ma questa determinazione temporale dà alle passioni un carattere speciale. Il ricordo d'un bene passato da una parte è fonte di contentezza (*gaudium*); d'altra parte, in quanto ci manca, è fonte d'un certo dolore unito col desiderio, cioè di rimpianto (*desiderium*) (PROP. 36, DEF. 16, 32). Il ricordo d'un male passato ci dà l'amarezza del rimorso (*conscientiae morsus*) (DEF. 17). La gioia per un bene futuro, ma certo, è la *securitas*; la tristezza per un male futuro certo è la *desperatio* (DEF. 14-15). Ma siccome il più delle volte le cose future sono incerte, non abbiamo di fronte ad esse che la speranza (*spes*) e la paura (*metus*), che sono passioni fluttuanti, in quanto l'una non è mai senza l'altra (PROP. 19, *scol.* 2; 50, *scol.*; DEF. 12-13).

B. Un concomitante intellettuale del piacere e del dolore è anche la meraviglia (*admiratio*), che per Cartesio è una delle sei passioni fondamentali; per Spinoza è un fatto intellettuale, cioè l'arrestarsi della mente in un oggetto nuovo, inusato che fissa quasi violentemente in sé l'attenzione (PROP. 52, DEF. 4). Ma, unito alle passioni, dà origine ad altre forme di passione.

Nello scolio delle PROP. 16, 18, abbiamo mostrato per quale causa la mente passa subito dalla considerazione d'una cosa al pensiero dell'altra e cioè perché le immagini delle cose sono fra loro concatenate ed ordinate in modo che l'una segue l'altra: ora ciò non avviene quando l'immagine della cosa è nuova, perché la mente è ritenuta nella sua considerazione finché non venga determinata da altre cause a passare ad altri pensieri. In sé considerata pertanto, la rappresentazione d'una cosa nuova è della stessa natura delle altre: perciò io non metto la meraviglia nel numero delle passioni, né vedo motivo di farlo in quanto questo arresto della mente non viene da nessuna causa positiva che allontani la mente dalle altre cose, ma solo da ciò che manca una causa, la quale faccia passare la mente dalla considerazione d'una cosa sola ad altri pensieri. Perciò io riconosco solo tre passioni primarie e cioè la gioia, la tristezza, il desiderio (*Et.*, III, DEF. 4, *spieg.*).

La meraviglia unita all'estimazione delle qualità eccellenti nell'uomo diventa venerazione (*veneratio*); e se vi si aggiunge anche l'amore, diventa devozione (*devotio*). La paura e l'odio diventano, unite alla meraviglia, orrore (*consternatio*).

Alla meraviglia si oppone il disprezzo (*contemptus*), che si ha quando constatiamo l'assenza di ciò che, se fosse presente, desterebbe in noi meraviglia, venerazione, ecc.; vi è nell'oggetto qualche cosa che per associazione richiama ciò che sarebbe da ammirare, ma che perciò appunto risalta tanto più come assente. Al disprezzo stanno, come alla meraviglia la venerazione e la devozione, la *dedignatio* e l'*irrisio*; la quale è anche una certa gioia procedente dalla rappresentazione delle nostre superiorità.

5. *Gli stati attivi della mente*. Questi stati attivi non possono essere che il desiderio e la gioia. La mente gioisce quando possiede la perfezione, cioè la conoscenza adeguata: la gioia, come passione, accompagna il passaggio ad una maggior perfezione; ma anche il possesso della perfezione è accompagnato, come in Dio (cfr. *Et.*, V, 17 e 36 *scol.*), da una gioia sempre uguale che è beatitudine. Perciò alla mente in quanto agisce, ossia è perfetta, ed afferma questa sua perfezione, possiamo riferire gli stati affettivi del desiderio e della gioia (PROP. 58); ma nessuno degli stati affettivi della tristezza (PROP. 59). La virtù attiva che si oppone alle passioni è la forza (*fortitudo*), che Spinoza divide in *intrepiditas* e *generositas*. La prima è il desiderio della vita razionale; la seconda è il desiderio di aiutare ed amare gli altri in conformità della ragione (PROP. 59, *scol.*). Questo accenno ci introduce al quarto libro nel quale Spinoza traccia all'uomo la via che lo conduce, attraverso la servitù, alla liberazione.

LIBRO QUARTO
DELLA SCHIAVITÙ UMANA

I. L'INTRODUZIONE

In questo libro Spinoza si propone di trattare delle passioni dal punto di vista del loro valore, della loro importanza per la perfezione umana. Comincia perciò con un'introduzione, nella quale, confermando e chiarendo quanto ha detto nell'introduzione al libro terzo contro i concetti volgari di fine e di valore, stabilisce quale sia il vero senso in cui devono essere intesi. Come sempre, quando polemizza contro le concezioni volgari, anche qui Spinoza accentua la negazione e lascia nell'ombra il senso positivo della sua teoria.

I concetti di bene e di male sono semplici valutazioni soggettive (*modi cogitandi*) che noi formiamo quando paragoniamo un'opera finita con l'opera stessa quale era stata ideata o quando, per un'indebita estensione, consideriamo le cose naturali in rapporto all'idea generale che ce ne siamo fatto e che consideriamo come il modello che la natura si sforza di realizzare. Ma la natura non agisce secondo fini: tutto in essa è necessario. Anche nell'agire umano il fine non è realmente che l'*appetitus* procedente da una certa rappresentazione, che costituisce una causa efficiente dell'azione, causa procedente alla sua volta da altre cause. La perfezione e l'imperfezione non sono quindi nulla di obbiettivo: nell'ordine assoluto ogni cosa ha necessariamente tutto quanto risulta dalla natura della sua causa ed è quello che deve essere: essa è perfetta o imperfetta, buona o cattiva solo da un punto di vista tutto umano e subbiettivo.

Quale sia questo punto di vista abbiamo già veduto nella introduzione al libro terzo. L'uomo nel suo stato presente non ha né può avere presente alla mente l'ordine assoluto delle cose, dove tutto è, in senso eminente, perfetto: il fine della filosofia è appunto quello di elevarlo verso quella realizzazione perfetta dell'essere suo, che è anche immedesimazione, per la conoscenza e la volontà, con l'ordine perfetto. Ora è appunto in questa elevazione umana che sono possibili gradi diversi e che hanno un senso le distinzioni di valore, i concetti di bene e di male. Però anche qui Spinoza fa una riserva. L'uomo nello sforzo di realizzare il vero essere suo si forma come un tipo ideale di perfezione umana: e chiama bene o male tutto ciò che ve lo avvicina o ne lo allontana. Ora questo tipo ideale è una pura finzione sussidiaria (come i concetti generali): perché ogni uomo ha la sua essenza, quindi la *sua* perfezione, il *suo* ideale: il progresso nella perfezione non sta nel mutare di essenza, ma nell'attuare più perfettamente la realtà che è nell'essenza propria. Il che non consiste naturalmente nel realizzare più a lungo l'essenza nell'esistenza empirica, la quale nulla conferisce alla perfezione dell'essenza, ma nell'acquistare la coscienza di quella realtà propria che è superiore all'esistenza empirica.

Chiamo schiavitù l'impotenza dell'uomo a governare e moderare le sue passioni: l'uomo sottomesso alle passioni non appartiene infatti a sé, ma alla fortuna: alla quale è tanto soggetto che spesso è forzato, pur vedendo il meglio, di fare il peggio… Mi sono proposto in questa parte di ricercare la causa di questo fatto e di più di mostrare il male e il bene delle passioni. Ma prima devo dire qualche cosa della perfezione e dell'imperfezione, del male e del bene.
Chi ha stabilito di fare una cosa e l'ha finita bene, chiamerà perfetta l'opera sua: e così farà ciascun altro che abbia conosciuto bene il pensiero e il fine dell'autore di quell'opera o che abbia creduto di conoscerlo. Se, per esempio, alcuno vede qualche opera non ancora finita e sappia che lo scopo dell'autore di quell'opera era di edificare una casa, dirà quella casa imperfetta; e la dirà perfetta appena veda l'opera portata a quel compimento che l'autore aveva stabilito di darle. Ma se alcuno vede un'opera senza mai aver veduto nulla di simile, né conoscere il disegno dell'autore, colui non potrà sapere se l'opera era perfetta o imperfetta. E questo è il primo senso che ebbero questi vocaboli. Ma poiché gli uomini cominciarono a formare idee generali e ad escogitare dei modelli di case, edifizi, torri, ecc., e a preferire certi modelli a certi altri, avvenne che ciascuno chiamò perfetto ciò che vedeva convenire con l'idea universale

che di tal cosa s'era formato ed invece imperfetto ciò che sembrava meno convenire col suo concetto esemplare, sebbene fosse stata compiuta secondo il disegno dell'artefice. Né altra è la ragione per cui il volgo appella perfette o imperfette le cose naturali, cioè non fatte per mano d'uomo; poiché gli uomini sogliono formarsi tanto delle cose naturali quanto delle artificiali idee generali, che ritengono come esemplari delle cose e che, secondo essi, la natura (la quale non farebbe nulla se non in vista di fini) si tiene dinanzi e si propone come tipi esemplari. Quando perciò vedono farsi nella natura qualche cosa che meno s'accorda col modello esemplare che essi se n'erano formato, credono che la natura abbia mancato o peccato o abbia lasciata imperfetta l'opera sua. Vediamo dunque che gli uomini hanno sempre chiamato le cose perfette o imperfette più per un pregiudizio che in base ad una cognizione. Noi abbiamo mostrato che la natura non agisce secondo fini: perché quell'Essere eterno ed infinito, che diciamo Dio o Natura, agisce per la stessa necessità per cui esiste. Abbiamo infatti mostrato (*Et.*, I, 16) che la necessità della sua natura per cui esiste è anche quella per cui agisce. Dunque la ragione o la causa per cui Dio o la Natura agisce e quella per cui esiste è la medesima. Come dunque non esiste per nessun fine, così non agisce per nessun fine: e come la sua esistenza, così la sua attività non ha né principio né fine. Ciò che si dice causa finale non è che lo stesso *appetitus* umano, in quanto è considerato come principio o causa primaria d'una cosa. Quando, per esempio, diciamo che l'abitare è stato causa finale di questa o quella casa non vogliamo dire altro se non che l'uomo, essendosi rappresentato i comodi della vita domestica, ebbe il desiderio di edificare una casa. Quindi l'abitare, in quanto è considerato come causa finale, non è se non quel particolare desiderio, che è in realtà causa efficiente: la quale è considerata come causa prima perché gli uomini in generale ignorano le cause dei loro desideri. Essi sono infatti consci, come spesso ho detto, delle loro azioni e dei loro desideri, ma ignari delle cause da cui sono determinati a desiderare. E quel che volgarmente dicono che qualche volta la natura manca o pecca e produce cose imperfette è da mettersi tra quelle fantasie che ho esaminato nell'appendice della prima parte. Onde la perfezione e l'imperfezione sono in realtà solo *modi cogitandi*, ossia nozioni che ci formiamo da ciò che paragoniamo fra loro individui della stessa specie o genere: perciò ho detto sopra che per realtà o perfezione intendo la stessa cosa. Perocché noi siamo soliti a ridurre tutti gli individui della Natura ad un genere solo generalissimo: e cioè alla nozione dell'ente che appartiene assolutamente a tutti gli individui della Natura. Ora tutte le volte che riconduciamo gli individui della Natura a questo genere e li paragoniamo fra loro e troviamo gli uni avere più di entità ossia di realtà che gli altri, in tanto diciamo gli uni più perfetti che gli altri; e in quanto riferiamo agli stessi qualche cosa che involge una negazione come termine, fine, impotenza, ecc., in tanto li diciamo imperfetti, perché non affettano la mente nostra così come quelli che diciamo perfetti e non perché ad essi manchi qualche cosa che loro appartiene o perché la Natura abbia peccato. Poiché nulla appartiene alla natura d'una cosa se non ciò che segue dalla necessità della natura della causa efficiente e ciò che segue dalla necessità della natura della causa efficiente segue necessariamente.

Per quel che riguarda il bene e il male, essi non indicano niente di positivo nelle cose e non sono altro che *modi cogitandi*, nozioni che ci formiamo dalla comparazione delle cose… Per bene intenderò d'ora innanzi ciò che certamente sappiamo servire ad avvicinarci sempre più a quell'esemplare della natura umana che ci siamo proposti. Per male ciò che lo impedisce. E diremo gli uomini più perfetti o più imperfetti secondo che più o meno s'avvicinano a tale esemplare. Questo bisogna anzitutto notare quando dico che alcuno passa da una perfezione minore ad una maggiore e non intendere come se io dica che passa dall'una essenza o forma all'altra. Il cavallo infatti è distrutto tanto se si trasforma in un uomo come in un insetto. Io intendo dire che la sua potenza d'agire, in quanto per essa intendiamo la sua natura, è accresciuta o diminuita. Infine intenderò in genere, come dissi, per perfezione la realtà: cioè l'essenza d'ogni

cosa in quanto esiste ed opera in certo modo, nessun conto tenuto della sua durata. Perché nessuna cosa singolare può dirsi
più perfetta perché ha durato più a lungo nell'esistenza: la durata delle cose non dipende dalla loro essenza, la quale non involge in sé alcun certo e determinato tempo di esistere: ogni
cosa, sia più o meno perfetta, potrà sempre perseverare nell'esistenza per virtù della stessa forza, per cui ha cominciato ad esistere, e tutte le cose sono in questo uguali (*Et.*, IV, *Introd.*).
Niente, considerato nella sua natura, potrà dirsi perfetto o imperfetto: specialmente dacché sappiamo che tutte le cose che
avvengono, avvengono secondo un certo ordine eterno e secondo determinate leggi della Natura. Ma poiché l'umana debolezza non apprende col suo pensiero quell'ordine ed intanto
l'uomo concepisce una natura umana molto più eccellente della
sua e non vede nessun ostacolo che gli vieti di conquistare una
tale natura, egli viene condotto a cercare i mezzi per giungere
a tale perfezione; e tutto ciò che serve come mezzo per pervenirvi è detto vero bene; e il sommo bene è il pervenire ad una
condizione tale da poter godere di tale natura perfetta insieme
con altri individui, se ciò è possibile. E quale è questa natura?
È la conoscenza dell'unione che la mente ha con tutta la Natura
(*De emend. intell.*, ed. V. Vloten et Land, 1895, I, pp. 5-6).

II. LE DEFINIZIONI E GLI ASSIOMI

1. Il libro comincia con la posizione di otto definizioni e di un
assioma.

DEF. 1. Per bene intenderò ciò che sappiamo con certezza esserci utile.

DEF. 2. Per male ciò che sappiamo con certezza esserci di ostacolo a che partecipiamo d'un certo bene.

Queste definizioni sono chiarite dall'introduzione. Per utile Spinoza intende ciò che ci fa passare ad una perfezione maggiore, che ci aiuta a realizzare più pienamente in noi stessi la nostra natura assoluta.

DEF. 3. Dico contingenti le cose singole in quanto, considerandole in rapporto alla sola loro essenza, nulla troviamo che necessariamente ponga o necessariamente escluda la loro esistenza.

DEF. 4. Dico possibili le cose singole in quanto, considerandole in rapporto alle cause da cui debbono essere prodotte, ignoriamo se queste siano determinate a produrle.

Qui Spinoza specifica i concetti di contingente e di possibile ai quali ha già accennato di volo in *Et.*, I, 33. Vi sono, come sappiamo, due specie di causalità e quindi di necessità: la necessità *ratione essentiae* e la necessità *ratione causae*: la prima dipende dalle leggi eterne del mondo assoluto delle essenze, la seconda dall'ordine delle cause empiriche, il quale traduce in qualche modo per noi l'ordine eterno. Vi sono quindi anche due specie di contingenza (in 1. s.). Contingente in vero e proprio senso è quella cosa la cui essenza, in sé sola considerata, non ci presenta né una necessità intrinseca di natura (come l'essenza divina) né una contraddizione interiore che la renda impossibile (come la chimera degli scolastici: per esempio, un circolo quadrato).

In realtà dal punto di vista assoluto tutto ciò che è, è necessario *ratione essentiae*, perché tutto procede necessariamente ed eternamente da Dio. È l'ignoranza nostra che, facendoci considerare le cose *extra Deum et in se*, fa sì che noi non troviamo nella loro essenza, così isolata, nulla che ne ponga necessariamente l'esistenza. «*Res aliqua nulla alia de causa contingens dicitur, nisi respectu defectus nostrae cognitionis*». Per noi quindi tutto è contingente, all'infuori di Dio (perché in Dio l'esistenza è inseparabile dall'essenza) e delle chimere (cose impossibili per essenza). Possibile invece è quella cosa che, considerata rispetto alla necessità empirica, ci appare (per difetto della nostra conoscenza) come non collegata con l'azione della sua causa, sì che non sappiamo se questa debba necessariamente produrla o non produrla. Si cfr. *Cog. met.*, I, 3.

DEF. 5. Per passioni contrarie intendo quelle che traggono gli uomini in sensi diversi, sebbene siano della stessa specie, come la lussuria e l'avarizia, che sono specie dell'amore, e quindi sono contrarie non per natura, ma per accidente.

Sebbene possa avvenire che l'uomo avaro, ambizioso o timido si astenga dall'eccessivo cibo, dal bere e dalle donne, non perciò tuttavia l'avarizia, l'ambizione e la timidità sono contrarie alla dissolutezza, all'ebrietà e alla libidine. Perché l'avaro per lo più desidererebbe riempirsi il ventre mangiando e bevendo dell'altrui: l'ambizioso, purché speri farlo di nascosto, non si modererà in alcuna cosa e se vivrà tra ebbri e libidinosi, appunto perché è ambizioso, sarà anche più proclive a tali vizi. (*Et.*, III, DEF. 48, *spieg.*).

DEF. 6. Che cosa intenda per passione relativa a cosa futura, presente o passata, l'ho spiegato nella parte III, PROP. 18, *scol.* 1 e 2, a cui rimando.

Si cfr. parte terza, IV, 4, *A*. Spinoza qui solo aggiunge che, nella distanza così di tempo come di luogo, ad un certo punto cessa ogni graduazione e gli oggetti si dispongono come in un piano solo.

DEF. 7. Per fine del nostro agire intendo il desiderio (*appetitus*).

Anche questo punto è stato chiarito nella introduzione.

DEF. 8. Per virtù e potenza intendo la stessa cosa: cioè (per la PROP. 7 della parte III) la virtù, riferita all'uomo, è la stessa essenza o natura dell'uomo, in quanto ha il potere di agire in modo che le operazioni sue possano venir intese per le sole leggi della sua natura.

La virtù, l'ideale, è per l'uomo, come essere empirico, la realtà pura e perfetta della sua essenza, la natura sua intelligibile; questo fine rappresenta nel tempo stesso il massimo della potenza dell'essere ossia quello stato nel quale esso esplica liberamente la sua attività, nel seno di Dio, secondo le leggi della sua natura, senza essere passivo in alcun punto, senza essere contrariato o sopraffatto da azioni estranee: ciò che avviene in quanto è unito perfettamente con tutte le cose in Dio. I gradi diversi di potenza o di perfezione nell'uomo, come essere empirico, sono i gradi di approssimazione del suo essere illusorio ed empirico a questa essenza perfetta. La potenza in senso materiale non è che un primo grado di questa potenza che è una cosa sola con la virtù.

2. ASSIOMA. Non vi è nella natura delle cose alcuna cosa singola, di cui non ve ne sia altra più potente e più forte. Qualunque cosa data ne ha sempre sopra di sé altre più potenti, dalle quali può essere distrutta.

La realtà empirica è infinita nel senso che nessun limite dato in essa è possibile. Noi non possiamo pensare in essa cosa alcuna, di cui non possiamo pensare altro maggiore: perciò nulla di ciò che empiricamente esiste può sperare di raggiungere uno stato di stabilità perfetta: tutto è inesorabilmente travolto nella distruzione dalle forze sterminate della natura.

III. LE CAUSE DELLA SCHIAVITÙ

1. Il libro quarto può dividersi in quattro sezioni. Nella prima (PROP. 1-17) ricerca il perché della schiavitù umana all'ignoranza ed alle passioni. Nella seconda (PROP. 18-37) ricerca come sia possibile alla ragione la vittoria sulle passioni. Nella terza (PROP. 38-58) passa in rassegna le passioni dalle quali deve guardarsi chi vuole progredire nella perfezione. Nella quarta (PROP. 59-72) espone sotto l'aspetto positivo quale deve essere la condotta di chi progredisce nella perfezione. Chiude il libro un'appendice, in cui Spinoza riassume come in un chiaro quadro le norme ideali della vita.

2. Nelle prime otto proposizioni Spinoza raccoglie i principi capitali del meccanismo delle passioni, in quanto per esso debbono essere possibili la schiavitù e la liberazione.

PROP. 1. Nulla di ciò, che l'idea falsa contiene di positivo, è soppresso dalla presenza del vero, in quanto vero.

La prima proposizione si richiama alla teoria dell'errore (parte II, VI, 3). L'errore non è che privazione parziale di conoscenza: la falsità non è nulla di positivo che la verità annulli: il vero non fa che completare quel nucleo di verità che già preesiste nell'errore. Nello scolio Spinoza chiarisce la sua esemplificazione già riferita in *Et.*, II, 35, *coroll*. Anche nel caso delle illusioni dei sensi la conoscenza del vero non distrugge se non ciò che le erigeva in conoscenze reali, ma lascia sussistere l'impressione sensibile ridotta al suo vero valore, in quanto cioè esprime più la nostra natura che la costituzione della causa agente.

La rappresentazione sensibile è un'idea, la quale esprime più la costituzione presente del corpo umano che del corpo esterno: non distintamente, ma confusamente: onde l'errore della mente. Per esempio, quando vediamo il sole, ce lo rappresentiamo circa duecento piedi distante da noi: nel che ci inganniamo fino a tanto che ignoriamo la sua vera distanza: ma conosciuta questa, è tolto bensì l'errore, non invece la rappresentazione sensibile, cioè l'idea del sole che esplica la sua natura solo in tanto in quanto il corpo ne è affetto: onde, sebbene ne conosciamo la vera distanza, tuttavia ce lo rappresentiamo sempre come vicino. Perché noi (come ho detto in P. II, PROP. 35) non ce lo rappresentiamo così vicino perché ignoriamo la sua vera distanza: ma perché la mente così concepisce la grandezza del sole, come il corpo suo ne è affetto. Così quando i raggi del sole vengono riflessi ai nostri occhi dalla superficie dell'acqua, noi ci rappresentiamo il sole come se fosse nell'acqua, sebbene ne conosciamo il vero luogo: e così le altre rappresentazioni sensibili, da cui la mente è tratta in errore, in quanto esprimono o la costituzione naturale del corpo o l'accrescimento o la diminuzione della sua potenza d'agire, non sono contrarie al vero, né per la sua presenza svaniscono. Accade, quando temiamo falsamente un male, che il timore svanisca all'annunzio del vero; ma accade anche, quando temiamo un male certo, che il timore svanisca ad un falso annunzio: dal che si vede che le rappresentazioni sensibili non svaniscono per la presenza del vero, in quanto vero, ma perché intervengono altre più forti, che escludono l'esistenza presente delle cose rappresentate (*Et.*, IV, 1, *scol.*).

PROP. 2. Noi intanto patiamo in quanto siamo una parte della natura, che non può essere esplicata senza le altre parti.

È un richiamo alle DEF. 1-3 del libro terzo. L'uomo patisce, è passivo in quanto è parte della natura divina, che si è isolata dal resto, non apprende la vera essenza sua, né la concatenazione sua col mondo divino e perciò, trovandosi in opposizione col resto, non può trovare in sé solo il principio e le ragioni della sua attività.

Le PROP. 3-6 svolgono l'assioma. L'uomo, come essere empirico, considerato *extra Deum*, è sempre una parte limitata, della quale è possibile pensare qualche cosa di più grande e potente: perciò è inevitabilmente travolto nel conflitto perenne delle cose: nulla lo assicura contro i turbamenti che nell'essere suo può introdurre la realtà che lo circonda e lo sorpassa indefinitamente. Ora la passione non è altro che un'energia straniera, la quale sopraffà il nostro essere: dalla soggezione alle energie straniere nasce la schiavitù delle passioni. L'uomo non nasce libero.

PROP. 7. La passione non può essere né combattuta, né tolta se non per una passione contraria e più forte della passione da combattere.

PROP. 8. La conoscenza del bene e del male non è che la passione della gioia e della tristezza in quanto ne siamo consci.

La schiavitù delle passioni non può essere tolta né dall'arbitrio di una volontà onnipotente, né dalla semplice conoscenza, in quanto conoscenza; «la semplice conoscenza del bene e del male, in quanto vera, non può comprimere alcuna passione, ma solo in quanto anch'essa è considerata come passione» (*Et.*, IV, 14). Ogni passione non è solo una cecità o una pura passività; pur essendo, di fronte alla nostra essenza perfetta, uno stato di diminuzione, per cui essa appare come passiva di fronte alla realtà, essa è in sé un'affermazione dell'essere nostro, che può essere tolta solo da un'altra affermazione contraria e più forte. Quindi il processo della schiavitù e della liberazione è un processo causale di realtà spirituali attive, che noi dobbiamo analizzare nella sua genesi necessaria, come abbiamo fatto per le passioni. Spinoza mette in evidenza questa verità richiamandosi al lato fisico della passione in quanto è un'affezione corporea, che può essere tolta solo da affezioni più forti. Anche la conoscenza liberatrice non può essere, sotto questo aspetto, che un movimento affettivo, ossia (in senso improprio) una passione.

3. Nelle **PROP.** 9-17 Spinoza ci spiega il perché della schiavitù. Perché, egli si chiede, la conoscenza del bene supremo, che dovrebbe essere il movente più forte di qualunque altro, non riesce il più delle volte a liberare l'uomo dalle passioni? Perché, risponde Spinoza, la forza d'una passione non dipende soltanto dalla potenza dell'oggetto che la suscita, ma anche da altre circostanze che qui appresso vengono analizzate. L'immagine d'una cosa presente è più viva di quella d'una cosa passata o futura: quindi la passione corrispondente è più intensa (PROP. 9). Così una cosa prossima nel passato o nell'avvenire ci muove più che una lontana (PROP. 10). Una cosa necessaria ci affetta più che una cosa possibile o contingente: una cosa possibile più che una cosa contingente: una cosa passata più che una cosa contingente non attualmente esistente (PROP. 11-13). Ora la conoscenza del bene e del male per sé non basta a soffocare la passione: essa libera soltanto «*quatenus affectus est*» (PROP. 14). Ma anche sotto questo aspetto la conoscenza del bene e del male non è ai suoi inizi onnipotente e può essere vinta da passioni procedenti da energie più veementi: siccome riguarda una cosa futura e contingente, può essere vinta dalla seduzione delle cose passate o presenti.

> Credo con questo d'aver mostrato la causa per cui gli uomini sono più mossi dall'opinione che dalla ragione e per cui la vera cognizione del bene e del male suscita delle commozioni dell'animo e spesso cede ad ogni genere di libidine: onde il detto del poeta: *Video meliora, proboque, deteriora sequor*[7].

---

[7] Ovidio, *Metam.*, VII, 20.

Ciò che sembra aver avuto in mente l'*Ecclesiaste* quando dice: *Qui auget scientiam, auget et dolorem*[8]. Ed io dico questo non per concludere che è meglio essere ignorante che sapiente o che lo stolto non differisca dall'intelligente quanto al frenare le passioni, ma perché è necessario conoscere e la potenza e l'impotenza della natura nostra alfine di poter determinare che cosa possa la ragione nel disciplinare le passioni e che cosa non possa (*Et.*, IV, 17, *scol.*).

IV. LA POSSIBILITÀ DELLA LIBERAZIONE

1. Che cosa ci assicura allora, possiamo qui chiederci, che l'uomo non debba soccombere definitivamente in questo conflitto e così errare senza speranza nel pelago delle passioni? Spinoza qui mostra come l'uomo debba necessariamente per un processo naturale progredire verso la perfezione, cioè verso l'unità con Dio. Egli parte da due principi fondamentali. Il primo è quello espresso nella PROP. 18.

PROP. 18. Il desiderio (*cupiditas*) che nasce dalla gioia a condizioni pari è più forte che il desiderio che nasce dalla tristezza.

Sebbene l'uomo nella sua limitazione sia una potenza trascurabile di fronte alle potenze della natura, tuttavia ha la certezza d'un progresso continuo. Egli non può isolarsi dal commercio con le cose esterne: ora fra queste ve ne sono molte che per la loro natura affine tendono a comporsi in unità con noi, ad accrescere la nostra potenza e la nostra gioia. Le cose contrarie invece non sono vere forze ostili che detraggano effettivamente alla potenza nostra, a ciò che di reale è stato conquistato nell'ascensione verso la perfezione (v. parte terza, III, 2); esse non fanno che arrestarci, richiamarci al senso della nostra impotenza. Quindi la potenza nostra non è una quantità variabile che sia accresciuta dalla gioia e diminuita dalla tristezza: la gioia è un reale accrescimento e si misura dalla nostra potenza, più la potenza

---

[8] I, 18.

della cosa che ne è causa: la tristezza si misura invece dalla nostra sola potenza e non è una reale diminuzione.

Nello scolio alla PROP. 18 è anticipato il contenuto delle proposizioni che seguono. Il fine dell'uomo è l'esplicazione della propria essenza e potenza: perciò il primo grado di questa è la conservazione del proprio essere e la ricerca del bene individuale: Spinoza sembra qui parlare come un utilitario. Ma la perfezione non s'arresta qui, non è confinata nell'unità fisica dell'individuo: questo non è che il primo grado d'un'ascensione verso l'identificazione con un'unità più vasta. Un grado più alto è l'unificazione con i propri simili in una società: la quale non è più una fruizione egoistica dell'individuo e tuttavia non ne è un annullamento, ma è lo sviluppo di ciò che vi ha di più reale e profondo nell'individuo stesso. Quindi il *conatus sese conservandi* non s'arresta all'egoismo individuale, ma trova la sua più vera realizzazione in tutto lo svolgimento della vita razionale.

Poiché la ragione non esige nulla contro la natura, esige essa medesima che ciascuno ami sé e l'utile suo, cerchi il vero utile, desideri tutto ciò che conduce veramente l'uomo ad una maggior perfezione, insomma che ciascuno, per quanto è in lui, si sforzi di conservare l'essere suo. Il che è così necessariamente vero, come è vero che il tutto è maggiore delle parti. Inoltre, poiché la virtù non è altro che l'agire secondo le leggi della propria natura e nessuno cerca di conservare l'essere suo se non per le leggi della sua stessa natura, ne segue in primo luogo che il fondamento della virtù è lo stesso sforzo di conservare l'essere proprio e la felicità consiste nel poter conservare l'essere proprio; ne segue in secondo luogo che la virtù deve essere desiderata per sé, né vi è altra cosa più eccellente e più utile per amor della quale essa debba venir desiderata (*Et.*, IV, 18, *scol.*). La differenza tra la vera virtù e l'impotenza sta quindi in questo: che la vera virtù non è altro se non il vivere secondo la guida della ragione; e l'impotenza consiste nel lasciarci condurre dalle cose che sono fuori di noi e nel lasciarci da esse determinare a far ciò che esige, non la nostra stessa natura in sé considerata, ma la costituzione comune delle cose esterne (*Et.*, IV, 87, *scol.*).

Il secondo principio è quello espresso nella PROP. 19.

PROP. 19. Ciascuno per legge di sua natura necessariamente appetisce o respinge ciò che giudica bene o male.

La natura dell'uomo è tendenza verso ciò che è fonte di gioia, causa di accrescimento dell'essere suo. L'uomo non può, in altre parole, pronunziarsi indifferentemente per il bene o per il male, per l'unità o per la dispersione: ma è esso stesso nella sua più profonda natura un tendere verso il bene, verso la potenza, verso l'unità.

La virtù consiste adunque in primo luogo nel cercare il proprio utile, cioè nell'accrescere l'essere proprio: l'esistere e la conservazione dell'esistenza sono il primo fondamento della perfezione (PROP. 20-22).

PROP. 21. Nessuno può desiderare d'essere felice, di bene operare e di bene vivere che non desideri nello stesso tempo di essere, di operare e di vivere, cioè di esistere in atto.

PROP. 22. Nessuna virtù può essere prima di questa (cioè del tendere alla propria conservazione).

Come è possibile allora il suicidio? Dato il parallelismo della mente e del corpo, la distruzione del corpo non è una distruzione di tutto l'essere? Questa difficoltà si connette con la teoria dell'immortalità. Spinoza disapprova il suicidio come una debolezza (*Et.*, IV, 18, *scol.*): ma sembra considerarlo come un semplice mutamento di forma: circostanze esteriori possono far sì che l'uomo si spogli della forma presente ed «*aliam naturam priori contrariam induat*» (PROP. 20, *scol.*).

2. Nelle PROP. 23-28 Spinoza mostra come il progresso ulteriore nella potenza sia progresso nella conoscenza e nella vita secondo ragione.

PROP. 23. L'uomo, determinato ad operare in quanto ha idee inadeguate, non può dirsi in senso assoluto che agisca per virtù; ma solo se è determinato in quanto intende.

PROP. 24. Agire in senso assoluto per virtù non è altro in noi
che agire, vivere e conservare l'essere proprio secondo la guida
della ragione (tre parole che significano la stessa cosa) sul fondamento della ricerca dell'utile proprio.

PROP. 26. Tutto ciò che ricerchiamo secondo la ragione non è
che l'intendere: né la mente, in quanto segue la ragione, giudica
essere a sé utile altro se non ciò che conduce all'intendere.

PROP. 28. Il bene della mente è la conoscenza di Dio e la suprema virtù della mente sta nel conoscere Dio.

Per virtù Spinoza intende la potenza dell'umana natura, il *conatus
sese conservandi* che ne costituisce l'essenza. Ora poiché in ogni
azione umana vi è un nucleo di realtà e di attività, vi è in essa qualche
virtù: e tanto più virtuoso ci apparirà l'uomo, quanto più intenso è in
lui questo *conatus* verso la pienezza dell'essere suo. Ma un'azione
sarà assolutamente virtuosa solo quando sia una pura manifestazione
dell'essenza, un'attività pura. Ora procedere pienamente dalla potenza d'un essere ed essere esplicabile dalla natura di questo essere,
procedere logicamente dalla sua idea sono per Spinoza una sola cosa:
agire virtuosamente è quindi agire in modo che l'agente possa intendere tutta la sua attività: ciò che certamente implica una perfetta conoscenza dell'essere proprio nella sua unità con le cose e con Dio.
Agire virtuosamente è quindi agire comprendendo, svolgere un'attività razionale, *ex ductu rationis agere*. Il che è pur sempre un agire
nel proprio interesse bene compreso: qui Spinoza ribadisce la conci-
liazione del *ex ductu rationis vivere* e del *suum utile quaerere*. Il *conatus sese conservandi* è quindi da Spinoza definitivamente ridotto
al *conatus intelligendi*: «*est igitur mentis absoluta virtus intelligere*».
L'uomo pone come bene tutto ciò che in lui favorisce la conoscenza
razionale, che è anche certezza; chi intende, non solo ha il vero bene,
ma ha la certezza di possedere il vero bene. Il grado più alto della vita
razionale è la conoscenza perfetta della ragione, la conoscenza della
totalità nella sua unità, la conoscenza di Dio.

3. Con la PROP. 29 comincia un nuovo argomento. Spinoza mostra qui come la moralità (cioè l'insieme delle virtù che rendono possibile la convivenza sociale) si concili con l'ideale della conoscenza di Dio ed anzi sia con la medesima necessariamente connessa. L'uomo può entrare in rapporto solo con ciò che ha con esso qualche cosa di comune (PROP. 29). Si capisce quindi che ciò che non ha nulla di comune con l'uomo (per esempio, i modi degli attributi a noi ignoti) non possa essere per lui né bene né male. Le cose che hanno con noi qualche cosa di comune sono per noi un bene per ciò che hanno di comune, in quanto almeno in questo il loro sé ed il nostro sono una cosa sola. Quanto più di comune con noi ha una cosa, tanto più è bene: il bene assoluto è ciò che ha tutto comune con noi, è la sostanza la cui unità nega le fittizie separazioni degli esseri (PROP. 30-31).

PROP. 31. In quanto una cosa coincide con la nostra natura, in tanto è necessariamente un bene.

In che cosa possono essere contrarie le cose allora? Non nella sostanza, natura, potenza che è o diversa, ed allora indifferente, o comune; ma nella determinazione, nella negazione, che è limitazione (fittizia) contro gli altri esseri, esclusione. Perciò nulla vi è di realmente contrario: la contrarietà degli esseri è fondata solo sull'opposizione della loro individualità fittizia, per la quale nasce anche l'apparenza d'una coercizione, d'un patire da parte degli altri esseri (v. libro terzo, III, 2). Perciò la passione divide gli uomini: anche gli uomini animati dalle stesse passioni sono divisi perché la passione non è comunione di natura (PROP. 32-34). Invece gli uomini agendo secondo ragione debbono necessariamente accordarsi.

PROP. 34. In quanto gli uomini sono travagliati dalle passioni, in tanto possono essere fra loro contrari.

PROP. 35. In quanto gli uomini vivono secondo ragione, in tanto solamente convengono necessariamente nella loro natura.

L'agire degli uomini, il giudicare del bene e del male dipende dalla perfezione del loro conoscere: ora quando la conoscenza è secondo ragione, non può che essere necessaria ed obbiettivamente valida per tutti. Quindi è possibile un criterio solo per tutti nel giudicare del bene e del male e così in fondo una sola volontà. La ragione unisce gli uomini, e quest'unità della ragione e della volontà è il fondamento dell'unità necessaria di tutte le volontà buone. Perciò nulla è più utile all'uomo dell'uomo che vive secondo ragione.

PROP. 35, *Coroll.* I. Non v'è alcuna cosa singola nella natura che sia più utile all'uomo dell'uomo che vive secondo ragione. Perché ciò che è più utile all'uomo è ciò che più si accorda con la sua natura, cioè l'uomo. Ma l'uomo agisce in modo assoluto secondo le leggi della sua natura quando agisce secondo ragione: e solo in questo rispetto s'accorda sempre necessariamente con la natura d'un altro uomo. Quindi tra le cose singole non v'è nulla all'uomo di più utile che l'uomo il quale vive secondo ragione. *Scolio.* Ciò che abbiamo ora mostrato lo mostra anche l'esperienza ogni giorno con tanti e sì luminosi esempi, che è quasi proverbiale il detto: l'uomo è per l'uomo un Dio. Raro accade che gli uomini vivano secondo ragione: la loro natura è tale che per lo più sono l'uno all'altro invidiosi e molesti. E tuttavia non sono capaci di condurre vita solitaria; onde la definizione corrente che l'uomo è un animale socievole. E infatti le cose stanno in modo che dalla società degli uomini vengono all'uomo molto più vantaggi che danni. Deridano perciò, quanto vogliono, i satirici le cose umane, tuonino contro di esse i teologi e lodino quanto possono gli ipocondriaci la vita semplice ed agreste, disprezzino gli uomini e lodino gli animali: tuttavia dovranno riconoscere che gli uomini col reciproco aiuto possono procurarsi molto più facilmente le cose di cui hanno bisogno e che soltanto con l'unione delle loro forze possono far fronte ai pericoli che da ogni parte li minacciano.

Molte cose fuori di noi ci sono utili e perciò sono desiderabili. Ma fra tutte le più eccellenti sono quelle che più si accordano con la nostra natura. Poiché se due individui della stessa natura si uniscono fra loro, compongono un indviduo doppiamente potente di ciascun singolo. Nulla è perciò più utile all'uomo dell'uomo: niente, io dico, possono gli uomini desiderare di più eccellente per la conservazione dell'essere proprio se non che tutti convengano fra loro in tutte le cose, sì che le anime ed i corpi compongano quasi un'anima ed un corpo solo e tutti insieme, cercando di conservare l'essere proprio, cerchino nello stesso tempo l'utile comune di tutti: onde segue che gli uomini governati dalla ragione, cioè gli uomini che cercano secondo ragione l'utile proprio, non desiderano per sé nulla che non desiderino anche gli altri uomini e così siano uomini giusti, fedeli, onesti (*Et.*, IV, 18, *scol.*).

Il bene supremo degli uomini che vivono secondo ragione è l'unità stessa dell'essere loro nella ragione, è la loro comune e perfetta essenza, Dio. Gli uomini che vivono secondo ragione non possono quindi non essere uniti nella loro volontà. E siccome lo sforzo comune giova qui allo sforzo di ogni singolo, ogni singolo sarà naturalmente interessato a convertire alla causa del bene anche gli altri uomini: qui desiderare il bene proprio è desiderare l'altrui, desiderare l'altrui è desiderare il proprio.

PROP. 36. Il sommo bene di quelli che seguono la virtù è comune a tutti e tutti possono goderne egualmente.

PROP. 37. Ciascuno di quelli che seguono la virtù desidera anche per gli altri uomini il bene che egli persegue e ciò tanto più quanto maggiore è la conoscenza che egli ha di Dio.

Ben altra perciò è verso gli uomini la condotta di chi segue la ragione e quella dell'ambizioso.

Chi per sola passione si studia che gli altri amino ciò che egli ama e vivano secondo la volontà sua, agisce per violenza e quindi si rende odioso, specialmente a quelli che hanno altre tendenze e che perciò anch'essi si studiano e con la stessa passione si sforzano affinché gli altri vivano secondo la volontà loro. Siccome inoltre il bene supremo che gli uomini desiderano con la passione è tale spesso che uno solo può goderne, avviene che coloro i quali amano un bene non siano bene in accordo con sé, in quanto, mentre tessono le lodi di ciò che amano, hanno paura di essere creduti. Ma chi cerca guidare gli altri secondo ragione agisce non violentemente, bensì con umanità e benignità ed è perfettamente in pace con se stesso (*Et.*, IV, 37, *scol.*).

Nello *scol.* 2 alla PROP. 37 Spinoza accenna alle sue teorie sul diritto e mostra come lo stato e la giustizia siano mezzi di elevazione verso la razionalità. In origine per l'uomo *ex lege* il diritto coincide con la potenza fisica, la forza: la quale, per quanto appaia illimitata, non ristretta da leggi, è in fondo ben minore di quella dell'uomo razionale, che vive secondo le leggi. «L'uomo che vive secondo ragione è più libero nello stato sotto leggi comuni che nella solitudine, dove obbedisce a sé solo» (*Et.*, IV, 73). Il passaggio dallo stato *ex lege* alla *civitas* avviene per interesse e per paura: soltanto allora sorge il vero e proprio diritto (in opposizione alla forza) e la distinzione fra giusto ed ingiusto.

Esiste ciascuno pel sommo diritto di natura e quindi pel sommo diritto di natura ciascuno opera quelle cose che seguono dalla necessità dell'essere suo: quindi pel sommo diritto di natura ciascuno giudica del bene e del male, provvede all'utile suo secondo che gli piace, si difende, cerca di conservare ciò che ama e di distruggere ciò che odia. Se gli uomini vivessero secondo ragione, ciascuno farebbe valere questo suo diritto senza danno altrui. Ma poiché sono soggetti alle passioni, che superano di gran lunga la potenza umana, perciò sono tratti in varie parti e contrari fra loro, mentre avrebbero bisogno del reciproco aiuto. Affinché pertanto gli uomini possano vivere in concordia ed essere a sé di vicendevole aiuto, è necessario che rinunzino al proprio diritto naturale e si assicurino a vicenda di non fare più nulla che possa riuscire altrui di danno. In qual maniera possa avvenire questo, in qual maniera cioè gli uomini, che sono necessariamente schiavi delle passioni, incostanti e vari, possano darsi a vicenda assicurazione e avere reciproca fiducia, appare dalle proposizioni IV, 17, e III, 39. E cioè si spiega con questo, che nessuna passione può essere domata se non con una passione contraria e più forte e che ciascuno si astiene dal recare danno altrui per paura d'un danno maggiore. A questo patto potrà dunque stabilirsi la società, che essa arroghi a sé il diritto, che ciascuno primitivamente possiede, di tutelarsi e di giudicare del bene e del male; in modo che essa abbia facoltà di imporre una maniera comune di vivere, di far leggi e di tutelarle non con la ragione, la quale non può domare le passioni, ma con minacce.

Una simile società fondata sulle leggi e sul potere di conservarsi, si dice *stato* e quelli che sono tutelati dal diritto statale, *cittadini*: dal che facilmente comprendiamo non esservi nulla nello stato naturale che sia per comune consenso bene o male, in quanto ciascuno, nello stato naturale, pensa solo al suo vantaggio e di arbitrio suo, tenendo solo conto dell'utile suo, decide del bene e del male e non è obbligato per legge ad obbedire a nessuno se non a sé solo. Ed il *peccato* non è che una disobbedienza, che soltanto il diritto dello stato può punire; come il *merito* è l'obbedienza del cittadino, che per essa è giudicato degno di godere dei vantaggi dello stato. Inoltre nello stato naturale nessuno è per comune consenso padrone di cosa alcuna, né vi è nella natura alcunché che possa dirsi di quest'uomo e non di quello: ma tutto è di tutti: e perciò nello stato naturale non può concepirsi alcuna volontà di dare a ciascuno il suo o di togliere ad alcuno il proprio: cioè nello stato naturale non avviene nulla che possa dirsi *giusto* o *ingiusto*: il giusto e l'ingiusto compaiono soltanto con lo stato civile, nel quale per comune consenso si decide che cosa sia dell'uno e che cosa dell'altro (*Et.*, IV, 37, *scol.* 2).

V. DALLE PASSIONI ALLA RAGIONE

1. Con la PROP. 38 comincia una specie di trattato di morale applicata; nella prima parte (PROP. 38-58) Spinoza esamina le passioni, dalle quali deve guardarsi chi vuole progredire verso la perfezione.

Anzitutto per vivere la vita dell'intelligenza bisogna esistere ed esistere nelle migliori condizioni per la vita superiore: quindi sarà un bene tutto ciò che conserva la nostra personalità fisica e ne svolge le attitudini: e un bene è anche la convivenza sociale che favorisce il vivere secondo ragione (PROP. 38-40).

Quali sono la gioia e la tristezza che convengono a chi mira alla saggezza? La gioia per sé è sempre un bene, come la tristezza è per sé sempre un male (PROP. 41). Specialmente è un bene quella gioia (che Spinoza dice *hilaritas*), la quale promove tutte le parti dell'essere nostro: mentre può essere un male quando (Spinoza la chiama allora *titillatio*) si riferisce solo ad una parte dell'essere nostro e può quindi essere un male per le altre parti. E così per contro è sempre un male la tristezza di tutto l'essere nostro (*melancholia*): può essere un bene la tristezza parziale (*dolor*), in quanto può essere utile alle altre parti (PROP. 42-43). Vero è che la maggior parte delle gioie umane sono delle *titillationes* e perciò condannabili.

La *hilaritas* che ho detto essere un bene è più facile a descriversi che ad osservarsi. Perché le passioni che ci agitano si riferiscono per lo più ad una parte sola del corpo, che è affetta di preferenza alle altre onde le passioni hanno per lo più dell'eccessivo ed arrestano la mente nella considerazione d'una sola cosa, in modo che non può più pensare ad altro: e sebbene gli uomini siano soggetti a molte passioni e rari siano coloro che sono sempre agitati da una passione sola, non mancano tuttavia di quelli che sono ostinatamente travagliati da un'unica passione. Vediamo infatti gli uomini essere talora affetti talmente da un solo oggetto, da credere di averlo sempre presente anche se ciò non è; il che quando avviene all'uomo durante la veglia è detto delirio e pazzia; come sono giudicati pazzi e destano il riso gli innamorati che giorno e notte non fanno che sognare la donna amata. Ma quando l'avaro non pensa ad altro che al guadagno e al denaro e l'ambizioso alla fama, ecc., questo non è chiamato delirio solo perché questi sogliono essere molesti e son giudicati meritevoli di essere odiati (*Et.*, IV, 44, *scol.*).

Ma quando la gioia è vera e sana, essa è per l'uomo un bene: Spinoza condanna l'ascetismo che esalta la sofferenza e odia le gioie della vita.

Soltanto una torva e triste superstizione vieta la gioia. Perché se è lecito saziare la fame e la sete, perché non deve esser lecito cacciare da sé la tristezza? Nessun dio, nessun essere, se non invidioso, può godere della mia debolezza e del mio soffrire e farmi un merito delle lacrime, dei singhiozzi, delle paure e di altri simili segni di debolezza; mentre per contro quanto maggiore è la gioia, tanto maggiore è la perfezione cui ci eleviamo, ossia tanto più partecipiamo della natura divina. Il sapiente si servirà perciò delle cose e, per quanto è possibile, ne godrà (non fino al disgusto, perché ciò non è più godere). Egli si ristorerà con cibi e bevande di suo gradimento con moderazione, si ricreerà con i profumi, con la bellezza delle piante verdeggianti, con gli ornamenti, la musica, gli esercizi, i teatri e cose simili, delle quali ciascuno può godere senza recar danno agli altri. Poiché il corpo umano è composto di moltissime parti di diversa natura, che hanno continuamente bisogno di alimento nuovo e vario, affinché il corpo possa essere ugualmente atto a tutte le cose che possono procedere dalla sua natura e quindi anche la mente sia egualmente atta a comprendere una grande quantità di cose (*Et.*, IV, 45, *scol.*).

Così l'odio, che è dolore, è sempre un male: l'uomo virtuoso non odia, ma risponde all'odio con la generosità e con l'amore.

PROP. 45. L'odio non può mai essere un bene.

PROP. 46. Chi vive secondo ragione si sforza, per quanto può, di corrispondere all'odio, all'ira e al disprezzo degli altri con l'amore e con la generosità.

Scolio. Chi vuol vendicare le ingiurie ricambiandole con odio vive ben miseramente. Ma chi per contro si studia di vincere l'odio con l'amore, colui combatte lieto e sicuro, resiste con eugal facilità ad uno ed a molti e non ha bisogno dell'aiuto della fortuna.

2. Nelle PROP. 47-58 Spinoza esamina le passioni derivate. In linea generale bene è tutto ciò che è causa d'una gioia reale, che è accrescimento di realtà, male è ogni tristezza, se non è compensata da una gioia maggiore che ne sia l'effetto. Un bene sono perciò la benevolenza equilibrata e la serenità (*acquiescentia in se ipso*), che è il massimo dei piaceri cui possiamo aspirare: una passione buona è anche la *gloria*, la compiacenza interiore per la buona opinione che gli altri hanno di noi (PROP. 51, 52, 58). Un male sono invece la vanagloria e la superbia, sebbene passioni derivanti dalla gioia, per il loro carattere parziale ed eccessivo.

La vanagloria è un compiacimento di sé nutrito dalla sola opinione del volgo: cessata la quale, cessa anche il compiacimento di sé, cioè quel sommo bene che ciascuno ama: onde avviene che chi si compiace del favore del volgo faccia ogni giorno ansiosamente tutti gli sforzi e tutte le prove per conservarselo. Perché il volgo è vario e mutevole e quindi la fama, non sostenuta, presto svanisce: ed ancora siccome tutti cercano di captare il plauso del volgo, facilmente l'uno eclissa la fama dell'altro: onde, trattandosi di quello che è giudicato il sommo bene, nasce una cupidigia sfrenata di abbassarsi a vicenda l'un l'altro in qualunque modo: e chi infine riesce vincitore si gloria più del male fatto ad altri che del bene fatto a sé. È pertanto questa gloria o *acquiescentia* veramente vana, perché non è né gloria né *acquiescentia* (*Et.*, IV, 58, *scol.*).

Ma la passione più funesta è per Spinoza la superbia che è un «*de se plus justo sentire*» o anche un «*de reliquis minus justo sentire*». Il superbo è necessariamente duro ed invidioso, specialmente contro quelli che hanno un reale valore: è benigno solo con i parassiti e gli adulatori.

PROP. 57. Il superbo ama la presenza dei parassiti e degli adulatori, odia quella dei generosi.

Un male sono invece in genere le passioni connesse con la tristezza. Male sono quindi anche la speranza e il timore, perché oscillano fra la gioia e la tristezza e di più sono un segno di conoscenza insufficiente. Spinoza condanna anche la pietà (*commiseratio*): l'uomo saggio si sforzerà di essere pietoso non per sentimento, ma per ragione.

Chi ben sa che tutto procede dalla necessità della natura divina e tutto avviene secondo le leggi e le regole eterne della natura, non troverà nulla degno di odio, di derisione e di sprezzo: né si impietosirà di alcuno, ma per quanto può la potenza umana, cercherà di fare il bene con gioia. Si aggiunga che chi è toccato facilmente dalla pietà ed è commosso dalle miserie e dalle lacrime altrui, spesso fa cose delle quali poi si pente: sia perché, agendo per passione, non discerne con certezza il bene, sia perché così è facilmente ingannato dalle false lacrime. Ma si badi che io qui parlo dell'uomo che vive secondo ragione. Perché chi non è mosso né dalla ragione, né dalla pietà ad aiutare gli altri, può ben esser detto disumano, perché non ha più nulla dell'uomo (*Et.*, IV, 50, *scol.*).

Così condanna l'umiltà (*humilitas*), il pentimento (*poenitentia*), la vergogna (*pudor*), l'avvilimento (*abiectio*) che, in quanto passioni dolorose, non sono secondo ragione. Però anche Spinoza riconosce in queste passioni (come nella pietà) un inizio di bontà; sono passioni che, sebbene per sé non assolutamente buone, però predispongono alla vita secondo ragione.

Poiché gli uomini raramente vivono secondo ragione, perciò queste due passioni, l'umiltà e il pentimento – e oltre a queste la speranza e la paura – sono più di vantaggio che di danno: onde, se mancare bisogna, meglio è mancare in questo senso. Poiché se gli uomini dall'animo schiavo fossero tutti egualmente superbi, senza vergogna e senza paura, come potrebbero essere frenati e stretti con obblighi? Il volgo è terribile, quando non teme: onde non è meraviglia che i profeti, i quali ebbero di mira il bene di tutti e non di pochi singoli, abbiano tanto lodato l'umiltà, il pentimento, il rispetto. E invero quelli che sono capaci di questi sentimenti si possono guidare molto più facilmente che gli altri a vivere secondo ragione, cioè ad essere liberi ed a godere della vita beata (*Et.*, IV, 54, *scol.*).

Ciò che si deve dire circa la vergogna si desume da ciò che si è detto circa la pietà e il pentimento. Aggiungo solo che anche la vergogna, come la pietà, sebbene non sia una virtù, è tuttavia un bene in quanto rivela nell'uomo, che si vergogna, il desiderio di vivere onestamente: come il dolore è buono in quanto indica che la parte offesa non è ancora in cancrena: onde sebbene chi si vergogna sia in realtà triste è tuttavia più perfetto dell'impudente che non ha nessun desiderio di vita onesta (*Et.*, IV, 58, *scol.*).

VI. LA VITA SECONDO RAGIONE

1. Nelle PROP. 59-73 Spinoza tratta della condotta umana in quanto è già determinata dal conoscere vero, cioè dalla ragione: che in quanto domina le passioni è pur essa una disposizione affettiva, ma non una passione nel vero e proprio senso.

PROP. 59. A tutte le azioni a cui siamo determinati dal sentimento come passione, possiamo esser determinati, senza di esso, dalla ragione.

Con la PROP. 59 Spinoza premette che il dominio della ragione non è qualche cosa che deprima, diminuisca l'attività e la potenza degli uomini: tutto quello che vi è di positivo nella loro attività, quando è diretta dalla passione, può essere anche prodotto, e in modo assai più perfetto, dalla ragione. Per esempio, il saggio fa con serenità, per un senso di estensione dell'essere proprio e così di potenza e di gioia, quello che il pietoso fa, dolorando, per un atto appassionato: che anzi il saggio lo farà meglio e più sicuramente. Il passaggio alla vita della ragione non è quindi una limitazione o una diminuzione, ma anzi un accrescimento di attività e di potenza.

Bisogna notare che per lo stesso desiderio l'uomo può tanto agire quanto patire. Per esempio, quando mostrammo la natura umana essere tale, che ciascuno desideri gli altri vivano secondo il piacer suo, abbiamo veduto che questo desiderio nell'uomo non guidato da ragione è una passione che è detta ambizione e non è molto lontana dalla superbia; laddove nell'uomo, che vive secondo ragione, è un'azione, una virtù che è detta carità (*pietas*). Così è di tutti i desideri, che possono essere passioni, in quanto originano da idee inadeguate, e sono invece virtù quando sono eccitate o generate da idee adeguate. Perché tutti i desideri, dai quali siamo mossi a far qualche cosa, possono sorgere tanto da idee adeguate quanto da idee inadeguate (*Et.*, V, 4, *scol.*).

La passione procede da una visione mutila e confusa: la ragione da un'intelligenza delle cose nella loro totalità. Pertanto ciò che caratterizza la passione è l'unilateralità: noi sacrifichiamo il bene di tutto l'essere nostro al bene d'una parte, il bene del futuro al bene del momento, ecc. (PROP. 60). Invece il desiderio in cui si traduce la ragione è una totalità equilibrata, che si estende egualmente a tutto l'uomo ed a tutta la sua vita. La vita razionale unifica ed armonizza l'individuo nell'unità infinita, quindi è l'espressione, nell'individuo, della vita immutabile e concorde del tutto, nella quale non si possono pensare né opposizione, né sproporzioni (PROP. 61). La passione si immerge nel presente: la ragione invece, che vede le cose sotto l'aspetto eterno, neglige le distinzioni di tempo e tiene conto ugualmente delle cose passate e future come delle presenti (PROP. 62).

2. Nelle PROP. 63-68 Spinoza mette in rilievo il carattere positivo, ottimistico, eroico, della sua morale di fronte al male. Il progresso verso la perfezione è un progresso nell'attività, nella potenza e perciò nella gioia: esso è quindi un'eliminazione progressiva del male, che per il saggio non deve più esistere. La visione delle cose, per opera della ragione, si trasforma, di grado in grado, nella visione dell'ordine eterno, dove tutto è unità, attività e beatitudine immutabile.

PROP. 63. Chi è guidato dalla paura e fa il bene per evitare il male non è guidato dalla ragione.

Il desiderio razionale mira direttamente all'accrescimento dell'attività, della gioia, del bene e non si occupa del male: il saggio evita il male soltanto indirettamente in quanto cerca il bene. In Dio non vi è male: quindi il male è qualche cosa che deve dissiparsi e scomparire di mano in mano che l'anima si eleva verso la sua unità con Dio. Perciò porre il timore del male come condizione del bene è invece un introdurre in noi il male come realtà positiva, un assoggettare stabilmente l'anima alla speranza, alla paura ed a tutte le passioni dolorose della vita inferiore. Questa proposizione è evidentemente diretta contro la religiosità volgare.

Gli uomini superstiziosi, che sanno flagellare i vizi piuttosto che insegnare le virtù e che si studiano non di condurre gli uomini con la ragione, ma di contenerli con la paura, affinché fuggano il male, anziché amare la virtù, non mirano che a fare degli altri degli esseri miserabili come loro: onde non è meraviglia che siano il più delle volte molesti e odiosi agli uomini (*Et.*, IV).

PROP. 64. La conoscenza del male è una conoscenza inadeguata.

Il male sta unicamente nella nostra conoscenza del male, cioè nella nostra conoscenza inadeguata della realtà: nella conoscenza adeguata, nella conoscenza di Dio e delle cose in Dio non vi è più posto per il male. Quindi finché vi è per noi qualche cosa che non deve essere, ciò vuol dire che non abbiamo ancora una conoscenza in gran parte adeguata: perché il saggio non deve più conoscere il male. Di qui le regole che ci dà più innanzi Spinoza, di considerare nelle cose il bene, non il male.

L'uomo forte deve in primo luogo considerare che tutte le cose procedono dalla necessità della natura divina e che quindi tutto ciò che egli pensa come molesto e cattivo, anzi come empio, orrendo, ingiusto e turpe nasce da ciò che egli vede le cose in modo turbato, mutilo e confuso: eppertanto in primo luogo egli si sforzerà di vedere le cose come sono, in sé, di rimuovere gli impedimenti della vera conoscenza come l'odio, l'ira, l'invidia, la derisione, la superbia e le altre passioni sopra descritte e così di fare, per quanto può, il dovere suo con gioia (*bene agere et laetari*) (*Et.*, IV, 73, *scol.*).

Bisogna notare che nell'ordinare i nostri pensieri e le nostre rappresentazioni bisogna sempre mirare a quello che vi è in ogni cosa di bene, affine di essere sempre determinati all'agire della gioia. Per esempio, se alcuno vede di essere troppo attratto dal desiderio di fama, pensi al suo retto uso, al suo giusto fine, ai mezzi con cui deve essere cercata; ma non al suo abuso, alla sua vanità, all'incostanza degli uomini e cose simili, che sono pensieri da ipocondriaci. Infatti sono gli ambiziosi che più si affliggono con tali pensieri, quando disperano di raggiungere gli onori a cui mirano; e mentre vomitano ira, vogliono parere dei saggi. Onde è certo che quelli, i quali più gridano contro l'abuso della fama e la vanità del mondo, sono quelli che della fama sono più cupidi. Né questo è proprio degli ambiziosi, ma vale per tutti quelli che hanno la fortuna contraria e l'animo debole. Perché anche l'avaro povero non cessa di parlare dell'abuso delle ricchezze e dei vizi dei ricchi: col che non fa altro se non affliggersi e mostrare agli altri che non sa sopportare né la povertà sua, né le ricchezze degli altri. Così quelli che sono stati respinti dalla donna amata non pensano che all'incostanza delle donne, alla loro perfidia e agli altri vizi loro così spesso decantati: ma per dimenticarsene subito appena sono tornati in favore dell'amata. Colui pertanto che si studia di temperare le sue passioni e i suoi desideri pel solo amore della libertà si sforzerà per quanto può di conoscere le virtù e le loro cause e di riempire l'animo di quella gioia che viene dalla conoscenza del vero: e non di meditare sui vizi degli uomini, di flagellarli e di godere d'una falsa forma di libertà (*Et.*, V, 10, *scol.*).

Perciò il saggio considererà il male minore, che evita un male maggiore, come un bene: e viceversa il bene minore che ci priva d'un bene maggiore, come un male (PROP. 65). Egli avrà sempre il pensiero alla vita e non alla morte: perché anche la morte per il saggio non può essere una reale negazione della vita: per il saggio non vi è la morte, come non vi è il male.

PROP. 67. Il saggio a nessuna cosa pensa meno che alla morte: la sua sapienza è una meditazione della vita, non della morte.

Al perfetto, che vive secondo ragione, tutto appare ragionevole e non vi è più male; quindi non vi è più nemmeno bene nel senso umano: esso è veramente «al di là del bene e del male».

PROP. 68. Se gli uomini nascessero liberi, non si formerebbero alcun concetto del bene e del male, finché rimanessero liberi.

Spinoza trova adombrata la sua teoria nel mito biblico. Dio, in quanto mira unicamente a conservare l'uomo nel pieno possesso della sua libertà e della sua ragione gli vieta di mangiare del frutto dell'albero della conoscenza del bene e del male, cioè gli vieta di conoscere il bene e il male (ciò che può essere solo una conseguenza della decadenza spirituale). La caduta è una caduta nel senso: nella teologia talmudica il serpente (il demonio) è un essere sensuale, dalla cui unione con Eva nasce Caino. Adamo cede all'esempio della sensualità. Il redentore è l'idea innata di Dio che è in ciascuno di noi.

Questo e il restante che abbiamo dimostrato sembra essere stato adombrato da Mosè nella storia del primo uomo. In essa non si parla di altra potenza di Dio, se non di quella per cui creò l'uomo, cioè della potenza per cui provvedette unicamente all'utilità dell'uomo: e in tal senso si narra che Dio vietò all'uomo libero di mangiare dell'albero della conoscenza del bene e del male, perché, appena ne avesse mangiato, avrebbe cominciato a temere la morte anziché desiderare di vivere. Inoltre che l'uomo, avendo trovato una compagna che s'accordava con la sua natura, riconobbe non esservi nella natura nulla che potesse essergli più utile; ma che, dopo che credette gli animali simili a sé, tosto cominciò ad imitarne le passioni e perdette così la sua libertà: che poi ricuperarono i patriarchi, guidati dallo spirito di Cristo, cioè dall'idea di Dio, che sola fa l'uomo libero e fa sì che egli desideri anche per gli altri uomini il bene che desidera per sé (*Et.*, IV, 68, *scol.*).

La prima cosa che ci viene dinanzi è la storia del primo uomo, dove si narra che Dio impose a Adamo di non mangiare del frutto dell'albero della conoscenza del bene e del male: il che sembra significare che Dio impose a Adamo di fare e cercare il bene come bene e non in quanto è contrario al male, cioè di cercare il bene per amore del bene e non per timore del male; perché chi fa il bene per vera conoscenza ed amore del bene, agisce con animo libero e sicuro, mentre chi lo fa per timore del male, agisce costretto dal male con animo servile e vive sotto l'imperio di altri (*Tratt. polit.*, cap. IV).

3. Nelle PROP. 69-73 Spinoza aggiunge alcuni caratteri relativi alla vita sociale del saggio. Il saggio deve ricordarsi che vive tra esseri stolti e brutali: quindi unirà il coraggio alla prudenza (PROP. 69). Eviterà di legarsi troppo strettamente ai volgari e di riceverne i benefizi per non doverne poi seguire le inclinazioni (PROP. 70). Tanto più liberamente ed affettuosamente si legherà coi pari suoi (PROP. 71): ma sarà socievole e rispettoso delle leggi (PROP. 73); ed userà con tutti la massima lealtà e veracità (PROP. 72).

PROP. 70. L'uomo libero, che vive fra ignoranti, cerca, finché può, di non riceverne benefizi.

PROP. 71. I soli uomini liberi sono fra di loro gratissimi.

PROP. 72. L'uomo libero non agisce mai con frode, ma sempre con lealtà.

PROP. 73. L'uomo, guidato dalla ragione, è più libero nello stato, dove vive sotto leggi comuni, che nel deserto dove obbedisce solo a sé.

Sul punto della menzogna Spinoza si mostra altrettanto rigorista quanto Kant: e si serve per condannarla della stessa argomentazione.

Si chiede se l'uomo possa liberarsi con la perfidia da un presente pericolo di morte e se la ragione stessa di conservare l'essere suo non deve persuadervelo. Si risponderà che se la ragione persuadesse ciò, dovrebbe persuaderlo a tutti gli uomini e cioè dovrebbe in generale persuadere gli uomini per sola perfidia a stringere amicizia, a unir le loro forze e ad avere diritti comuni e così in fondo a non avere diritti comuni, ciò che è assurdo (*Et.*, IV, 72 *scol.*).

Spinoza riassume tutti questi caratteri dell'uomo saggio e libero nella *fortitudo* che è la virtù stessa, in quanto è azione, non passione, e comprende in sé l'*animositas* (la forza) e la *generositas* (la socievolezza e la carità) (PROP. 73, *scol.*; si cfr. libro terzo, IV, 5).

VII. LE REGOLE DELLA SAGGEZZA

Alla fine del libro quarto Spinoza traccia come in un quadro le linee ideali della condotta del saggio. Nei n. 1-3 distingue i desideri (*cupiditates*), fra cui comprende anche la gioia e la tristezza, in passioni ed azioni: le prime sono quelle che procedono dalla conoscenza inadeguata, dall'ignoranza e ci rivelano l'impotenza nostra; le altre dalla conoscenza adeguata e sono segno di virtù e di potenza. Le prime sono o relativamente buone (se conducono verso la conoscenza adeguata e l'attività razionale) o cattive: le seconde sono sempre buone.

1. Tutti i nostri sforzi o desideri procedono dalla necessità della nostra natura in modo che o sono compresi per mezzo di essa sola, come causa prossima, o in quanto siamo una parte della natura, che non può venir pensata adeguatamente per sé, astrazion fatta dagli altri individui.
2. I desideri, che procedono dalla nostra natura in modo che possono per mezzo di essa venir compresi, sono quelli che la mente ha in quanto consta di idee adeguate: gli altri non mente i primi sono detti azioni, gli ultimi passioni: infatti sono riferiti alla mente, se non in quanto ha idee inadeguate. La potenza e

l'incremento di questi ultimi si misura non dalla potenza umana, ma da quella delle cose esterne: perciò giusta quelli esprimono sempre la nostra potenza, questi per contro la nostra impotenza e la nostra ignoranza.

3. Le nostre azioni, cioè i desideri determinati dalla nostra potenza, dalla ragione, sono sempre buoni: gli altri possono essere buoni o cattivi.

Il fine supremo della vita è la conoscenza di Dio: bene è tutto ciò che ad essa ci conduce: in questo senso possono essere beni (relativi ed imperfetti) anche le passioni buone (n. 4-5).

4. Nella vita è in primo luogo utile perfezionare quanto possiamo l'intelletto o ragione e in questo solo consiste la somma felicità o beatitudine dell'uomo: poiché la beatitudine non è altro che la serenità (*acquiescentia*) dell'animo, la quale nasce dalla conoscenza intuitiva di Dio; e perfezionare l'intelletto d'altra parte non è che comprendere Dio, i suoi attributi e gli atti che procedono dalla necessità della sua natura. Perciò il fine ultimo dell'uomo, che vive secondo ragione, cioè il desiderio supremo, col quale si studia di moderare tutti gli altri, è quello che lo porta a concepire adeguatamente sé e tutte le cose che possono cadere sotto la sua intelligenza.

5. Nessuna vita razionale è pertanto senza intelligenza e le cose in tanto sono buone in quanto servono all'uomo a godere di quella vita della mente che è l'intelligenza. Quelle cose invece che impediscono all'uomo di perfezionare la ragione e di godere della vita razionale sono cattive.

L'uomo, essere isolato nella natura fra potenze in gran parte ostili, deve provvedere alla propria conservazione allontanando da sé ciò che gli è contrario ed unendosi con ciò che gli è simile e lo favorisce (n. 6-8).

6. Ma poiché tutte le cose, di cui l'uomo è causa efficiente, sono buone necessariamente, nulla di male gli può venire se non

dalle cause esterne: in quanto cioè è parte della natura universa, alle cui leggi la natura umana deve obbedire ed a cui è costretto ad adattarsi in infinite maniere.

7. L'uomo non può non far parte della natura e non seguirne l'ordine: ma se si accompagnerà ad esseri che si accordino con la sua natura, la sua potenza ne verrà aiutata e favorita. Se per contro si accompagnerà ad esseri da lui disformi, l'accordo con essi non potrà avvenire senza una profonda sua trasformazione.

8. È lecito rimuovere da noi per quella via che ci sembra più sicura tutto ciò che nella natura giudichiamo essere un male, cioè esserci di ostacolo ad esistere ed a godere della vita razionale: e così è lecito prendere per nostro uso ed in qualunque modo usare tutto ciò che giudichiamo essere un bene, cioè poterci aiutare ad esistere ed a godere della vita razionale: e in via assoluta a ciascuno pel sommo diritto di natura è lecito fare tutto quello che giudica servire al suo utile.

Di qui i vantaggi della società umana: la quale però deve essere fondata sulla ragione, non sulla paura o su altre passioni (n. 9-25).

9. Niente meglio può accordarsi con un essere, che gli altri esseri della stessa specie: onde niente vi è di più utile all'uomo, per conservare l'essere suo e godere della vita razionale, che l'uomo il quale vive secondo ragione. E poiché tra le cose singole niente conosciamo che sia più eccellente dell'uomo che vive secondo ragione, in nessuna maniera può ciascuno mostrare l'abilità e l'ingegno suo quanto nell'educare gli uomini a vivere sotto il regno della ragione.

10. In quanto gli uomini sono mossi tra loro dall'invidia o da altra passione dell'odio, in tanto sono fra loro contrari e perciò tanto più da temere, in quanto sono più potenti che gli altri esseri della natura.

11. Gli animi sono vinti non dalle armi, ma dall'amore e dalla generosità.

12. Agli uomini è sopra tutte le cose utile stringere relazioni, unirsi con quei legami coi quali meglio possano dalla moltitudine fare un'unità e in genere fare tutto quello che serve a stabilire fra loro l'amicizia.

13. Ma a ciò si esige capacità e perspicacia. Perché gli uomini sono mutevoli (rari sono quelli che vivono secondo ragione), generalmente invidiosi e più inclini alla ferocia che alla pietà. Per sapere quindi trattare con ciascuno secondo la sua indole e dominarsi in modo da non seguire il loro esempio, è necessaria una forza d'animo singolare. Però coloro che sogliono rimproverare gli uomini e piuttosto vituperarne i vizi che insegnar loro la virtù e che sanno abbattere gli animi, non fortificarli, sono molesti a sé ed agli altri. Onde è avvenuto che molti, troppo insofferenti, per un falso amore della religione, abbiano preferito vivere tra gli animali anziché tra gli uomini: come quei giovani che non sanno sopportare i rimproveri dei genitori e vanno ad arruolarsi, preferendo i disagi della guerra e della tirannia militare alle comodità domestiche ed ai rimproveri paterni e sopportando d'andare incontro a qualunque miseria pur di vendicarsi dei loro parenti.

14. Sebbene gli uomini per lo più dirigano le cose secondo le loro cupidigie, dalla loro società seguono tuttavia più vantaggi che danni. Perciò è meglio sopportare con equanimità le loro offese e volgere l'animo a quello che promove la concordia e l'amicizia.

15. Le cose che promovono la concordia sono quelle comprese sotto la giustizia, l'equità e la decenza (*honestas*). Perché gli uomini mal sopportano non solo l'ingiustizia e l'iniquità, ma anche ciò che è stimato turpe e che va contro alle usanze comuni. A conciliare l'amore è necessario poi in primo luogo tutto ciò che appartiene alla religione ed alla carità.

16. La concordia è prodotta anche dalla paura, ma non è sicura. Aggiungi che la paura nasce da debolezza ed è contro la ragione: come è contro la ragione anche la compassione, sebbene abbia l'apparenza della carità.

17. Gli uomini sono vinti anche dalla munificenza, specialmente i poveri che non possono provvedersi il necessario alla
vita. Ma l'aiutare tutti i poveri è cosa che supera di gran lunga
le forze e il compito d'un privato; le ricchezze d'un privato
sono lungi dal bastarvi. Di più la capacità d'un uomo è troppo
limitata per potere stringere a sé tutti con l'amicizia; onde la
cura dei poveri spetta alla società intera ed è fra le cose di utilità
pubblica.
18. Quanto al ricevere benefizi e al dimostrare gratitudine, bisogna avere altre attenzioni; per cui si veda la PROP. 70 e lo
scolio della PROP. 71 nel libro quarto.
19. L'amore meretricio cioè la libidine di generare che nasce
dalla bellezza e in via assoluta ogni amore che viene da altroché
dalla libertà dell'animo, passa facilmente in odio; quando, ciò
che è peggio, non sia una specie di delirio, il quale fomenta più
la discordia che l'accordo.
20. Quanto al matrimonio certo è che esso si accorda con la
ragione se la passione corporea non nasce solo dalla bellezza,
ma anche dal desiderio di procreare e di educare saggiamente
la prole: e se l'amore dell'uomo e della donna procede, oltre
che dalla bellezza, anche e specialmente dalla libertà
dell'animo.
21. Anche l'adulazione conduce alla concordia, ma per sozza
servitù o per frode; nessuno infatti è più preso dall'adulazione
che il superbo, il quale vuole essere primo e non è.
22. L'avvilimento è connesso con una falsa apparenza di carità
e di religione. E sebbene esso sia contrario alla superbia, chi si
avvilisce è vicinissimo al superbo.
23. Utile alla concordia è la vergogna in ciò che non si può nascondere. Nel resto, poiché la vergogna è una specie di tristezza, essa non appartiene alla vita secondo ragione.
24. Le altre passioni della tristezza sono direttamente opposte
alla giustizia, all'equità, alla decenza, alla carità, alla religione:
e sebbene l'indignazione possa aver l'apparenza dell'equità,
tuttavia là dove a ciascuno è lecito giudicare dei fatti altrui e

rivendicare da sé il proprio o l'altrui diritto, là non vi sono leggi.

25. La modestia, cioè il desiderio di piacere agli uomini, determinato dalla ragione, è una forma della carità. Se procede dalla passione è ambizione, cioè un desiderio per il quale gli uomini con falsa apparenza di carità non fanno per lo più che suscitare discordie e tumulti. Perché chi vuole giovare agli altri coi fatti o col consiglio, avviandoli verso il bene supremo, cercherà in primo luogo di conciliarsene l'amore: non di destare la loro meraviglia, affinché la disciplina prenda da lui il nome; e di non dare in modo assoluto ragioni d'invidia. E nei discorsi comuni si guarderà dal denunziare i vizi degli uomini e della loro debolezza non parlerà se non parcamente; per contro dirà largamente della virtù e potenza umana e come si perfezioni: affinché così gli uomini mossi non dalla paura o dall'avversione, ma dalla passione della gioia, si sforzino di vivere, per quanto possono, secondo la ragione.

Delle altre cose il saggio si servirà per il suo benessere. Nel n. 26 Spinoza esclude, per una singolare cecità, dalla carità umana tutto ciò che non è l'uomo. Nei tre numeri appresso parla dell'uso dei beni materiali, il cui valore si compendia nel denaro: onde la universale fame dell'oro. Il saggio deve saper dominare se stesso e far servire anche il denaro al suo legittimo fine.

27. L'utilità che ricaviamo dalle cose esterne è, oltre l'esperienza e la cognizione che acquistiamo dall'osservazione e dall'esperimento, prima di tutto la conservazione del corpo: e sotto questo riguardo sono utili, più di tutte, le cose che possono sostenere e nutrire il corpo in modo che tutte le sue parti possano convenientemente compiere il loro ufficio. Perché quanto più il corpo è atto ad essere affetto dai corpi esterni ed a reagire a queste affezioni, tanto più la mente è atta a pensare. Ma pochissime sono in natura le cose che abbiano questa virtù: perciò a nutrire il corpo è necessario servirsi di molti alimenti di natura diversa. In quanto che il corpo umano è composto di moltissime parti di diversa natura, che hanno continuamente bisogno d'un

alimento vario affinché tutto il corpo sia egualmente atto a tutte le sue funzioni e quindi anche la mente sia egualmente atta ad una molteplicità di pensieri.

28. Ma a procurarsi tutte queste cose non basterebbe la forza del singolo, se gli uomini non associassero i loro sforzi. Ora col denaro si è trovato qualche cosa che compendia come in sé tutto il desiderabile; onde avviene che la sua immagine occupi sopra tutte le cose la mente del volgo, il quale non sa pensare alcuna specie di gioia se non accompagnata dal denaro, come causa.

29. Ma questo diventa un vizio solo presso quelli che vanno appresso al denaro non per povertà o per bisogno, bensì perché hanno imparato le arti del lucro, delle quali vanno superbi. Essi alimentano il corpo per abitudine, ma parcamente, perché credono di perdere tutto ciò che impiegano alla conservazione del corpo. Quelli invece che conoscono l'uso del denaro e sanno regolare la ricchezza al bisogno, vivono contenti di poco.

Così il saggio, pur evitando i falsi piaceri, non rinnegherà perciò, come una stolta superstizione vuole, le gioie della vita: anzi progredirà per mezzo della gioia, verso la perfezione. E se anche questo non basta a far scomparire il male, egli cercherà di vincerlo con l'elevarsi verso la visione delle cose nella loro necessità e nella loro profonda razionalità.

30. Poiché buone sono le cose che favoriscono le parti del corpo nel loro funzionamento e la gioia consiste in ciò che la potenza dell'uomo, sia spirituale sia corporea, è favorita ed accresciuta, tutte le cose che danno gioia sono buone. In quanto tuttavia le cose non agiscono per il fine della gioia nostra, né la loro potenza di agire si regola sul nostro utile e ancora in quanto per lo più la gioia si riferisce di preferenza ad una parte sola del corpo, perciò la maggior parte delle passioni della gioia (se non intervenga la vigilanza della ragione) e di conseguenza anche i desideri che ne derivano, hanno carattere di eccesso: al che bisogna aggiungere che nelle passioni mettiamo in prima linea ciò che ci allieta il presente, né sappiamo estimare con sentimento equo le cose future.

31. La superstizione invece sembra affermare che sia bene ciò che dà tristezza e male ciò che dà gioia. Ma nessuno, se non per invidia, può godere della mia debolezza e del mio soffrire. Perché quanto maggiore è la nostra gioia, tanto maggiore è la perfezione a cui ci eleviamo e quindi tanto più partecipiamo della natura divina: né può mai essere cattiva la gioia che è regolata da un vero concetto del nostro utile. Invece chi è mosso dalla paura e fa il bene per fuggire il male, non è diretto dalla ragione.

32. Ma la potenza umana è estremamente limitata ed è superata infinitamente dalla potenza delle cause esterne: e perciò non abbiamo il potere assoluto di adattare le cose esterne al nostro bisogno. Ma noi sopporteremo con animo eguale tutto ciò che ci avviene contro le esigenze dell'utile nostro, se avremo coscienza di aver fatto il nostro dovere e riconosceremo che la potenza nostra non poteva estendersi tanto da evitare tutto ciò che ci è contrario, perché noi siamo una parte della natura, al cui ordine dobbiamo uniformarci. Se comprenderemo chiaramente e distintamente questo, quella parte di noi, che costituisce l'intelligenza, cioè la parte migliore di noi, si rasserenerà in questo pensiero e cercherà di perseverare in questa serenità. Perché, in quanto comprendiamo, non possiamo desiderare se non ciò che è necessario e non possiamo riposare definitivamente se non nella verità: onde, in quanto intendiamo bene queste cose, in tanto lo sforzo della migliore parte di noi stessi si accorda con l'ordine universale della natura.

LIBRO QUINTO
DELLA POTENZA DELL'INTELLETTO OSSIA DELLA LIBERTÀ UMANA

I. L'INTRODUZIONE

Nel libro quarto Spinoza ci ha mostrato le cause della schiavitù e la possibilità della liberazione: quindi ha tracciato i primi gradi del processo che a questa conduce. Nel libro quinto ci dà una specie di manuale d'ascetica, di precetti pratici, che devono compire in noi lo stato di perfezione (PROP. 1-20) e descrive questo stato di beatitudine finale (PROP. 21-42).

Precede una lunga introduzione, nella quale Spinoza conferma la sua dottrina, tante volte espressa, che noi non abbiamo, per una specie di potenza arbitraria, un impero assoluto sulle nostre passioni: e che il solo mezzo che noi abbiamo di dominarle è l'intelligenza, la quale attraverso un lento processo, le trasforma e le dissolve. Qui si volge specialmente contro Cartesio, secondo il quale l'anima ha il potere di modificare le passioni per il potere assoluto che essa ha sulla ghiandola pineale (*Traité des passions*, I, 41-46). Spinoza critica vivamente ed a lungo l'ipotesi cartesiana.

II. GLI ASSIOMI

ASS. 1. Se nello stesso soggetto vengono suscitate due azioni contrarie, dovrà necessariamente o in entrambe o in una sola di esse prodursi un mutamento finché cessino di essere contrarie.

ASS. 2. La potenza dell'effetto è determinata dalla potenza della sua causa, in quanto la sua essenza viene esplicata ossia determinata per mezzo dell'essenza della sua causa.

Il primo assioma non è in fondo che il postulato dell'unità, che si impone alla molteplicità: la dispersione, la separazione, che è causa delle passioni, non è che qualche cosa di provvisorio e di apparente che deve gradualmente cedere il posto all'unità.

Il secondo esprime lo stesso concetto da un altro punto di vista. La vittoria definitiva è assicurata a ciò che costituisce un'essenza ed una potenza più alta, alla natura razionale.

III. LA PRATICA DELLA LIBERAZIONE

1. Nella prima parte del libro quinto (PROP. 1-20) è tracciato il cammino della perfezione suprema. Nelle PROP. 1-4 Spinoza si richiama ai suoi principi generali. La PROP. 1 rievoca il noto principio (II, 7) del parallelismo del corpo e della mente, ma in un senso inverso a quello che Spinoza suole. Qui si tratta di riformare l'essere nostro mediante una riforma della mente: a questa riforma s'accompagna parallela la trasformazione del nostro corpo. Nelle PROP. 2-4 è enunciato genericamente il principio che deve guidarci nella repressione delle passioni: trasformare la conoscenza inadeguata, passionale in conoscenza adeguata, chiara e distinta, volgere lo sguardo dall'oggetto particolare, che causa la passione, per considerare la concatenazione universale in cui è compreso. A fondamento dell'essere e delle affezioni nostre stanno (come si è veduto nel libro II) elementi universali, che non possono venir concepiti se non adeguatamente: ora tutto ciò che procede da idee adeguate è conosciuto adeguatamente: quindi non vi è passione che non possiamo, almeno in parte, conoscere adeguatamente. In altre parole: non vi è niente che non sia la manifestazione di leggi generali e che quindi, come tale, non possiamo per mezzo di queste leggi generali conoscere adeguatamente: quindi nessuna passione che non possiamo trasformare sottoponendola ad una considerazione generale, filosofica (PROP. 4). Quando ciò avviene, la mente nostra dalla considerazione limitata d'un oggetto passa *ad alias cogitationes:* onde tolto l'oggetto, è tolta la passione (PROP. 2). La conoscenza oscura e vaga, che costituiva la passione, si trasforma in attività dello spirito: la stupefazione dolorosa lascia il posto alla comprensione congiunta con l'acquiescenza (PROP. 3).

Poiché non vi è nulla da cui non segua qualche effetto e tutto quello che segue da una nostra idea adeguata è inteso chiaramente e distintamente, ne viene che ciascuno ha il potere di comprendere sé e le sue passioni, almeno in parte, chiaramente e distintamente e quindi di far sì di essere meno ad esse soggetto. A questo bisogna sopratutto mirare, e cioè a conoscere, per quanto si può, ogni passione chiaramente e distintamente, affinché la mente dalla passione venga a meditare sulle cose che concepisce chiaramente e distintamente ed in esse si rassereni; e così la passione venga separata per opera del pensiero dalla causa esterna e si associ alla considerazione della verità: dal che avverrà che non solo l'amore, l'odio, ecc., saranno distrutti, ma che anche i desideri, i quali sogliono procedere da tali passioni non avranno più nulla di eccessivo... Di questo rimedio delle passioni, che consiste nella vera conoscenza delle stesse, nessun rimedio più eccellente è in poter nostro, non avendo la mente nostra altra potenza che quella di pensare e di formare delle idee adeguate (*Et.*, V, 4, *scol.*).

2. Nelle PROP. 5-10 accenna ad un primo grado di questa dissoluzione delle passioni per opera della ragione. Può darsi che noi non possiamo avere subito una perfetta intelligenza delle nostre passioni: allora è bene contrapporre alla passione un sistema di sentimenti relativamente buoni: ordinare e concatenare la nostra vita passionale in modo che si indirizzi verso la vita razionale e non sia più turbata dalle passioni violente.

Un primo mezzo sta nel considerare la necessità delle cose per mezzo della ragione. Questa sa astrattamente che tutto è necessario: bisogna trasportare questa conoscenza nelle cose vive e concrete: il considerare le cose come necessarie attenua la forza della passione.

PROP. 6. In quanto la mente comprende tutte le cose come necessarie, in tanto ha una maggiore potenza sulle passioni e patisce meno da esse.

Scolio. Quanto più questa conoscenza della necessità delle cose è applicata alle cose singole, che ci rappresentiamo più distintamente e vividamente, tanto maggiore è la potenza della mente sulle passioni: ciò che anche l'esperienza insegna. Vediamo che la tristezza per un bene perduto si attenua quando l'uomo, che lo ha perduto, considera che tal bene non poteva più in nessun modo essere salvato. Così ancora vediamo che nessuno commisera il bambino perché non sa parlare, camminare, ragionare e vive tanti anni quasi nell'incoscienza. Ma se i più nascessero adulti e solo questo o quello nascesse bambino, allora i bambini ci farebbero pietà: perché considereremmo l'infanzia non come cosa naturale e necessaria, ma come un vizio di natura: e nello stesso senso si potrebbero osservare molte altre cose (*Et.*, V, 6, *scol.*).

Bisogna in secondo luogo tener viva la considerazione delle cause generali, che causano e spiegano le nostre passioni e che noi possiamo conoscere adeguatamente: perché gli affetti, anche se lievi, procedenti da cause sempre presenti, sono sempre più potenti di quello che procede da cause momentanee. La passione sensibile potrà essere più violenta, ma in considerazione del tempo è più debole: perciò dovrà col tempo cedere agli affetti razionali (PROP. 7).

Inoltre la considerazione delle cause generali disperde la passione in una moltitudine di oggetti: quindi questa passione, pur essendo più forte d'un'altra passione riferita ad un minor numero d'oggetti o ad un oggetto solo, è più debole in rapporto a ciascuna delle cause: onde le passioni così diffuse turbano meno lo spirito e sono meno di ostacolo al pensiero. La passione, che nasce dalla morte d'una persona cara, è violenta e conturbante: l'elevarsi alla considerazione della legge universale della caducità di tutte le cose genera una tristezza che domina la passione singola, ma è in sé più tranquilla e più conciliabile col pensiero (PROP. 8-9).

Infine quando non infuriano le passioni, bisogna approfittare della pace dello spirito per ordinare e concatenare i movimenti affettivi del nostro spirito, razionalizzandoli: a ciò giova particolarmente lo stabilire delle massime generali, *certa vitae dogmata*, per averle costantemente pronte all'applicazione contro la violenza delle passioni (PROP. 10).

Con questo potere di ordinare e concatenare convenientemente le affezioni del corpo possiamo ottenere di non essere così facilmente sopraffatti dalle male passioni. Perché occorre una forza maggiore a vincere i sentimenti ordinati e concatenati secondo un ordine dettato dall'intelletto che a vincere dei sentimenti incerti e dispersi. Il meglio dunque che possiamo fare finché non abbiamo ancora una conoscenza perfetta delle nostre passioni è di crearci un metodo di ben vivere, ossia certi principi della condotta, di mandarli a memoria e di applicarli continuamente alle cose particolari che ci occorrono nella vita, in modo che la nostra immaginazione ne venga largamente affetta ed essi ci siano sempre pronti per l'applicazione. Per esempio, noi abbiamo posto fra questi principi, che bisogna vincere l'odio con l'amore e la generosità, non ricambiarlo con l'odio. Ma per avere sempre questo precetto della ragione pronto per la pratica bisogna pensare e meditare spesso sulle offese frequenti degli uomini e come e in che modo possiamo opporre ad esse la miglior difesa con la generosità: così uniremo la rappresentazione dell'offesa a quella di questo principio, il quale in questo modo ci sarà sempre presente tutte le volte che riceveremo un'offesa. Che se terremo anche pronto il criterio del nostro vero utile e del bene che nasce dalla mutua amicizia e società e rifletteremo ancora che dalla retta condotta deriva la più alta serenità e che gli uomini, come tutte le cose, agiscono per necessità: allora l'offesa e l'odio che ne suole derivare occuperanno la minima parte dell'immaginazione e saranno facilmente vinti: e se anche l'ira che nasce dalle più grandi offese non è così facile a dominarsi, sarà dominata tuttavia, sebbene non senza una certa oscillazione, in un tempo di gran lunga minore che se non avessimo premeditato tutte queste cose (*Et.*, V, 10, *scol.*).

3. Nelle proposizioni 11-16 Spinoza ci addita il mezzo supremo della perfezione, che è la contemplazione e l'amore di Dio. L'idea di Dio è implicata in tutte le cose: quando la mente conosce adeguatamente le cose, le conosce in Dio. Perciò nella contemplazione filosofica tutto tende a risvegliare e rendere efficace in noi l'idea di Dio: le altre idee si associano più facilmente con essa, perché è sempre presente in noi: e queste alla sua volta contribuiscono a rendere più viva ed attiva l'idea di Dio (PROP. 11-14).

PROP. 14. La mente può far sì che tutte le affezioni del corpo ossia le immagini delle cose vengano riferite all'idea di Dio.

Siccome in essa, in quanto è il principio della comprensione adeguata delle cose, l'anima è attiva, così in essa si allieta: perciò l'idea di Dio porta all'amore di Dio: che è l'affetto più efficace di tutti.

PROP. 15. Chi intende chiaramente e distintamente sé e le sue passioni, ama Dio; e tanto più lo ama quanto più intende chiaramente sé e le sue passioni.

PROP. 16. Questo amore di Dio deve occupare la mente sopra tutte le cose.

Poiché la parte migliore di noi è l'intelletto, certo è, se vogliamo veramente cercare l'utile nostro, che dobbiamo sopra tutto studiarci di renderlo più che si può perfetto; perché nella sua perfezione deve consistere il nostro sommo bene. Ora, siccome ogni nostra cognizione e certezza, veramente superiore ad ogni dubbio, dipende dalla sola cognizione di Dio, e siccome senza Dio niente può essere ed essere concepito e siccome possiamo dubitare di tutte le cose finché non abbiamo un'idea chiara e distinta di Dio, di qui segue che il nostro sommo bene e la nostra perfezione dipendono dalla sola cognizione di Dio. Ancora, siccome niente può essere ed essere concepito senza Dio, certo è che tutte le cose della natura esprimono, ciascuna secondo la sua essenza e la sua perfezione, il concetto di Dio; e quindi, quanto meglio noi conosciamo le cose naturali, tanto più grande e più perfetta è la conoscenza che acquistiamo di

Dio; ossia (perché la conoscenza dell'effetto per la causa non è altro che conoscere una certa proprietà della causa) quanto più conosciamo le cose naturali, tanto più perfettamente conosciamo l'idea di Dio (che è la causa di tutte le cose); e così tutto il nostro sapere, cioè il nostro sommo bene, non solo dipende dalla conoscenza di Dio, ma consiste in essa. Il che si deduce anche da questo che l'uomo è tanto più perfetto quanto più perfetta è la natura della cosa che ama sopratutto, e reciprocamente: quindi è necessariamente perfettissimo e partecipe della più alta beatitudine colui che sopra tutte le cose ama la conoscenza intellettuale di Dio, essere perfettissimo ed in essa massimamente si compiace. A questo si riduce quindi il nostro sommo bene e la nostra beatitudine: la conoscenza e l'amore di Dio (*Tratt. polit.*, cap. IV).

4. Nelle proposizioni 17-20 Spinoza mostra che la perfezione così conquistata è definitiva: nulla più può distruggere l'amore di Dio una volta che è sorto. Dio non conosce le passioni umane: perciò non ama nessuno di amore particolare: è il bene comune egualmente a tutti, perché è il bene della ragione: perciò non può suscitare né invidie, né gelosie. Si cfr. la PROP. 35 ove è detto che Dio non ama nessuno, perché non ama che sé ed in sé tutte le cose: non vi sono amori particolari in Dio. Quanto alla proposizione che Dio non conosce la gioia e l'amore, bisogna intendere qui la gioia e l'amore come passioni. Si deve distinguere la gioia e l'amore disordinati (che sono passioni cattive), la gioia e l'amore come passioni temperate dalla ragione (ma ancora col carattere di passioni) e la gioia e l'amore come attività razionali pure: in questo senso convengono a Dio. La gioia come passione (buona o cattiva) è un *transire ad majorem perfectionem*, la gioia come attività pura è perfetta *acquiescentia in se ipso*, beatitudine assoluta (si cfr. V, 33, *scol.*).

PROP. 17. Dio è incapace di passione e non è affetto da alcun sentimento di gioia o di tristezza.

PROP. 18. Nessuno può odiare Dio.

PROP. 19. Chi ama Dio non può volere che Dio lo ricambi di amore.

PROP. 20. Questo amore verso Dio non può essere inquinato dalla passione dell'invidia e della gelosia: ma anzi tanto più è accresciuto, quanto più uomini possiamo pensare uniti con Dio dallo stesso vincolo di amore.

Se noi diciamo che Dio non ama gli uomini, ciò non deve essere inteso come se li abbandonasse per così dire a se stessi, ma nel senso che, essendo l'uomo in Dio congiuntamente a tutto ciò che è e Dio essendo costituito dalla totalità di ciò che è, non può esservi propriamente un amore di Dio per altro, perché tutto ciò che è non forma che una sola cosa, cioè Dio stesso (*Breve trattato*, II, 24, 3).

L'amore di Dio, riducendo al minimo le passioni ed inducendo nell'anima nostra un amore beatifico ed immutabile, ci dà la pace interiore, che è il bene più alto che possiamo raggiungere in questa vita.

Bisogna notare inoltre che le afflizioni dell'animo e le sventure traggono per lo più origine dal troppo amore verso cose soggette a molti mutamenti e delle quali non possiamo mai essere padroni. Perché nessuno è turbato ed ansioso se non per ciò che ama; né le offese, i sospetti, le inimicizie nascono da altro che dall'amore di cose delle quali non siamo mai veramente padroni. Da ciò comprendiamo quanto possa sulle passioni la conoscenza chiara e distinta e specialmente quel terzo genere di cognizione, il cui fondamento è la stessa cognizione di Dio; che, se non sopprime assolutamente le passioni, fa sì almeno che occupino la minima parte della mente. Inoltre esso genera un amore verso cosa immutabile ed eterna, e di cui siamo sempre partecipi; un amore che quindi non può più essere inquinato dalle miserie dell'amore comune, che può sempre diventare più grande, occupare ed affettare profondamente la parte maggiore della mente (*Et.*, V, 20, *scol.*).

IV. LA BEATITUDINE FINALE

1. Nelle proposizioni 21-23 Spinoza premette genericamente che la parte inferiore di noi è peritura: ma la parte migliore, quella per cui viviamo la vita della ragione, è qualche cosa di eterno: lo stato di unione con Dio non ha nulla da temere dalla morte. La memoria e l'immaginazione sono connesse con l'esistenza attuale del corpo, che è qualche cosa di perituro (PROP. 21); ma nel mondo delle essenze corrisponde al corpo nostro attuale un'essenza, un modo eterno e parallelamente ad esso un'idea eterna, il nostro io immortale.

PROP. 22. In Dio vi è necessariamente un'idea che esprime sotto l'aspetto dell'eternità l'essenza di questo e quel corpo umano.

PROP. 23. La mente umana non può venir distrutta completamente col corpo, ma ne resta qualche cosa che è eterno.

Scolio. Quest'idea, che esprime l'essenza del corpo sotto l'aspetto dell'eternità, è un certo modo del pensiero che appartiene all'essenza della mente ed è necessariamente eterno. Certo non può avvenire che noi ci ricordiamo d'aver esistito prima del corpo, perché nessuna traccia di quest'esistenza può trovarsi nel corpo, né l'eternità può essere misurata col tempo o avere alcuna relazione col tempo. E tuttavia noi sentiamo e siamo certi di essere eterni (*sentimus experimurque nos aeternos esse*). Perché la mente sente quelle cose che con l'intelligenza comprende così come quelle che ha nella memoria. Gli occhi della mente, con cui vede ed osserva, sono le dimostrazioni. Sebbene perciò noi non ci ricordiamo di aver esistito prima del corpo, sentiamo tuttavia che la mente nostra, in quanto implica l'essenza del corpo sotto l'aspetto dell'eternità, è eterna e che questa sua esistenza non può venir misurata col tempo o spiegata con la durata. Perciò la nostra mente in tanto può dirsi che dura ed ha un'esistenza determinata nel tempo, in quanto involge l'attuale esistenza del corpo; ed in tanto solamente ha la facoltà di determinare l'esistenza delle cose nel tempo e di pensarle sotto l'aspetto della durata (*Et.*, V, 23, *scol.*).

2. Nelle proposizioni 24-31 Spinoza mostra come la parte eterna sia costituita dalla conoscenza di Dio: la ragione è in noi veramente qualche cosa di eterno, è ciò che abbiamo di comune con Dio.

La conoscenza perfetta è la conoscenza del terzo genere, la conoscenza intuitiva della ragione, per cui vediamo le cose in Dio (PROP. 24-25). Questa è la vera eccellenza della mente, in cui essa trova la sua quiete definitiva (PROP. 26-27).

PROP. 25. Il supremo sforzo e la suprema virtù della mente è il comprendere le cose secondo la conoscenza del terzo genere.

PROP. 27. Da questa conoscenza del terzo genere nasce alla mente la più alta serenità di cui essa sia capace.

Questa conoscenza non è qualche cosa di generato e di prodotto dalla conoscenza del senso, ma è una luce propria dell'anima, che si svolge per virtù propria dai germi originariamente in essa posti (PROP. 28), cioè dall'idea innata di Dio. Essa è la conoscenza propria della mente nel suo stato di essenziale purezza: quando, astraendo dall'esistenza del corpo nel tempo, si eleva a contemplare le cose nella loro concatenazione necessaria e divina, nel loro aspetto eterno (*sub specie aeternitatis*). Questo conoscere le cose nel loro aspetto eterno è un conoscere Dio stesso nella sua unità con le cose (PROP. 29-30).

PROP. 30. La mente nostra, in quanto conosce sé ed il corpo nel loro aspetto eterno, in tanto conosce veramente Dio e sa di essere in Dio e di essere pensata per mezzo di Dio.

Quindi la naturale attività della mente umana in quanto pura, libera, attiva, è la conoscenza di Dio: stato che è essenziale all'anima nostra e si esplica in tutta la sua purezza quando essa è stata liberata dal corpo. Noi parliamo di questo stato come se esso abbia avuto origine nel tempo: in realtà è un'attività eterna dell'anima, in quanto essere eterno (PROP. 31, *scol.*).

3. Nelle proposizioni 32-37 si mostra che questa conoscenza perfetta è anche la beatitudine perfetta. Non solo quindi anche in questa vita noi troviamo già in essa la felicità, ma siamo anche certi che la morte non ce la ritoglie. Alla conoscenza intuitiva di Dio si unisce necessariamente l'amore di Dio: amore corrispondente alla conoscenza intellettuale e perciò superiore al tempo: questo amore *sub specie aeternitatis* è quello che Spinoza chiama amore intellettuale (PROP. 32).

Dalla conoscenza di terzo genere nasce necessariamente l'amore intellettuale di Dio. Perché da questo genere della conoscenza sorge una gioia unita all'idea di Dio come causa, cioè l'amore di Dio, non in quanto ce lo rappresentiamo come presente, ma in quanto comprendiamo che è un essere eterno: e questo è ciò che io dico amore intellettuale di Dio.

Questo amore è anch'esso eterno: è una parte dell'amore che Dio ha per se stesso. Quindi niente più può togliere questo amore.

PROP. 33. L'amore intellettuale di Dio, che sorge dalla conoscenza di terzo genere, è eterno.

PROP. 35. Dio ama se stesso d'un amore intellettuale infinito.

PROP. 36. L'amore intellettuale della mente verso Dio è lo stesso amore di Dio, con il quale Dio ama se stesso, non in quanto è infinito, ma in quanto può esplicarsi per l'essenza della mente umana considerata nel suo aspetto eterno; cioè l'amore intellettuale della mente verso Dio è parte dell'infinito amore con cui Dio ama se stesso.

PROP. 37. Non vi è nulla nella natura che possa contrariare o togliere questo amore intellettuale.

4. Le proposizioni 38-42 sono la conclusione generale dell'opera: in esse Spinoza dichiara che anche già nella vita terrena questa contemplazione e questo amore intellettuale costituiscono la beatitudine nostra. Quanto più la conoscenza intellettuale penetra il nostro spirito, tanto maggiore diventa la parte eterna dell'essere nostro, tanto

meno noi siamo esposti alle passioni ed al timor della morte (PROP. 38): nei grandi spiriti che hanno svolto in sé un'alta e ricca vita dell'intelligenza la parte sensibile e peritura non è più che qualche cosa d'insignificante (PROP. 39). L'intelletto, che è la parte nostra veramente attiva e più perfetta, è eterno: ciò che perisce è il senso (*imaginatio*), la parte passiva dell'essere nostro. Considerata nell'intima sua essenza, la mente nostra è un modo eterno del pensiero, un momento dell'eterna mente divina (PROP. 40). Quindi anche già su questa terra la vita del saggio, che è vita nell'intelligenza, è il bene più alto desiderabile per se medesimo.

PROP. 41. Anche se ignorassimo la nostra mente essere eterna, dovremmo tuttavia mettere innanzi a tutto la carità e la religione e in modo assoluto tutto ciò che nel libro quarto abbiamo mostrato appartenere alla virtù della forza e della generosità.

Scolio. Altra è la comune opinione del volgo. Perché i più sembrano credere di essere liberi solo in quanto possono obbedire alle cupidigie loro e di perdere tanto del proprio diritto, quanto della vita loro debbono subordinare alle prescrizioni della legge divina. La pietà, la religione e in genere tutto quanto appartiene alla grandezza d'animo, sono per essi dei pesi che sperano di deporre dopo la morte per ricevere il premio del lungo servire, cioè della carità e della religione: né sono indotti a vivere sotto la legge divina (per quanto la loro miseria e debolezza lo permette) solo per questa speranza, ma anche e specialmente per paura, per non essere dopo la morte puniti con feroci supplizi. E se gli uomini non avessero questa speranza e questa paura, ma credessero che la mente perisce col corpo e che ai miseri, gravati dal peso della virtù, non v'è speranza di altra vita, essi si abbandonerebbero al proprio capriccio e vorrebbero dirigere le cose secondo le loro cupidigie ed obbedire alla fortuna piuttosto che a se stessi. Il che non è meno assurdo del caso di chi, credendo di non poter nutrire in eterno il corpo con buoni cibi, volesse riempirsi piuttosto di cibi nocivi e velenosi; o di chi vedendo la mente non essere eterna o immortale preferisse essere e vivere senza la ragione: cose tanto assurde, che non vale la pena di arrestarvisi.

Perché la beatitudine, così conclude Spinoza la sua *Etica*, non è il premio della virtù, ma è la virtù stessa.

PROP. 42. La beatitudine non è premio della virtù, ma è la virtù stessa: noi non godiamo di essa perché dominiamo le nostre cupidigie, ma anzi possiamo dominare le nostre cupidigie perché della beatitudine già siamo in possesso.

Scolio. Con questo ho esaurito ciò che voleva dire circa la potenza della mente sulle passioni e la libertà della mente. Da tutto ciò appare quanto più valga e quanto sia superiore il saggio all'ignorante, che è solo mosso dalle sue cupidigie. L'ignorante infatti, oltre che è agitato in molti modi dalle cause esterne e non ha mai un momento di vera serenità, vive quasi ignaro di sé, di Dio e delle cose e appena cessa di patire, cessa anche di esistere. Il saggio invece, in quanto tale, non è mai turbato d'animo, e ben conscio di sé, di Dio e delle cose per una certa necessità eterna, mai non cessa di essere e sempre gode della vera pace dell'anima. Se la via che a questo conduce è ardua, non è tuttavia inaccessibile. Ed arduo deve certamente essere ciò che così raramente si trova. Come potrebbe infatti accadere, se la salvezza fosse agevole e potesse venir trovata senza molta fatica, che quasi tutti trascurino di occuparsene? Ma tutte le cose egregie sono tanto difficili quanto rare.

SOMMARIO